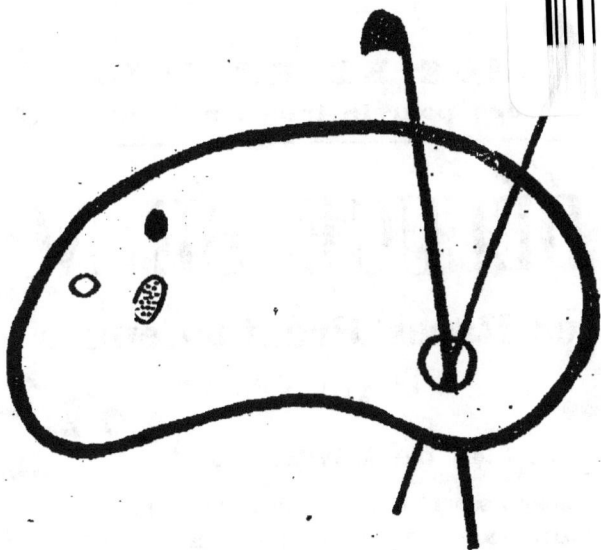

DÉBUT D'UNE SERIE DE DOCUMENTS
EN COULEUR

SCIENCE ET RELIGION 55
Études pour le temps présent

LE DÉLUGE DE NOÉ

et les Races Prédiluviennes

PAR

C. de KIRWAN

MEMBRE ASSOCIÉ DE L'ACADÉMIE DELPHINALE
CORRESPONDANT FRANC-COMTOIS DE L'ACADÉMIE DE BESANÇON

TOME PREMIER

LE DÉLUGE FUT-IL UNIVERSEL ?

PARIS
LIBRAIRIE BLOUD ET BARRAL
4, RUE MADAME ET RUE DE RENNES, 59
—
1899

SCIENCE ET RELIGION

Etudes pour le temps présent

Collection de vol. in-12 de 64 pages *compactes*.

Prix : **0** fr. **60** le vol.

Les revues et les journaux les plus importants de la presse conservatrice et catholique ont accueilli avec les plus grands éloges les **Etudes pour le temps présent**.

C'est avec la plus rigoureuse méthode scientifique — mais mise à la portée de toutes les intelligences quelque peu cultivées — qu'elles traitent les problèmes et les questions qui tourmentent l'âme contemporaine et déroutent les meilleurs esprits.

Le nom de l'auteur de chacune d'elles est une recommandation.

Dès l'apparition des premiers volumes, les **Etudes pour le temps présent** ont obtenu un succès dépassant toute espérance. « *Elles ne méritent pas seulement d'être lues*, a écrit dans l'*Univers* un excellent juge, M. Edmond BIRÉ, *ce sont des armes pour le bon combat ; il faut les répandre.* »

Ouvrages parus

— **L'Apologétique historique au XIXᵉ siècle. — La Critique irréligieuse de Renan** (*Les précurseurs — La vie de Jésus — Les adversaires — Les résultats*), par l'abbé Ch. DENIS, directeur des *Annales de philosophie chrétienne*.　　　　　1 vol.

— **Nature et Histoire de la liberté de conscience**, par M. l'abbé CANET, docteur en philosophie et ès lettres de l'Université de Louvain, ancien professeur de théologie dogmatique au grand séminaire de Lyon.　　　　　1 vol.

— **L'Animal raisonnable et l'Animal tout court**, *étude de psychologie comparée*, par C. DE KIRWAN.　　　　　1 vol.

— **La Conception catholique de l'Enfer**, par M. BRÉMOND, docteur en théologie, professeur de dogme au grand séminaire de Digne.　　　　　1 vol.

— **L'Eglise Russe**, par I.-L. GONDAL, professeur d'apologétique et d'histoire au séminaire Saint-Sulpice.　　　　　1 vol.

— **La Fausse Science contemporaine et les Mystères d'Outre-tombe**, par le R. P. Th. ORTOLAN, O. M. I.　　　　　1 vol.

— *Du même auteur* : **Vie et Matière ou Matérialisme et Spiritualisme en présence de la Cristallogénie.**　　　　　1 vol.

— *Du même auteur* : **Matérialistes et Musiciens.**　　　　　1 vol.

— **Le Mal, sa nature, son origine, sa réparation.** *Aperçu philosophique et religieux*, par M. l'abbé CONSTANT, docteur en théologie, lauréat de l'Institut catholique de Paris.　　　　　1 vol.

— **Dieu auteur de la vie**, par M. l'abbé THOMAS, vicaire général de Verdun.　　　　　1 vol.

— *Du même auteur* : **La Fin du monde d'après la Foi.** 1 vol.

— **L'Attitude du catholique devant la Science**, par G. FONSEGRIVE, directeur de la *Quinzaine*.　　　　　1 vol.

— *Du même auteur* · **Le Catholicisme et la Religion de l'Esprit.**　　　　　1 vol.

— **Du doute à la Foi**, le besoin, les raisons, les moyens, les devoirs, la possibilité de croire, par le R. P. TOURNEBIZE, S. J. 4ᵉ édition.   **1 vol.**

— **La Synagogue moderne**, sa doctrine et son culte, par A. F. SAUBIN.   **1 vol.**

— **Evolution et Immutabilité de la doctrine religieuse dans l'Eglise**, par M. PRUNIER, supérieur au grand séminaire de Séez.   **1 vol.**

— **La Religion spirite**, son dogme, sa morale et ses pratiques, par I. BERTRAND.   **1 vol.**

— **L'Hypnotisme franc et l'Hypnotisme vrai**, par le docteur HÉLOT, auteur de *Névroses et Possessions diaboliques.*   **1 vol.**

— **Convenance scientifique de l'Incarnation**, par Pierre COURBET.   **1 vol.**

— **L'Eglise et le Travail manuel**, par l'abbé SABATIER, du clergé de Paris, docteur en droit canon.   **1 vol.**

— **L'Inquisition**, son rôle religieux, politique et social, par G. ROMAIN, auteur de : *L'Eglise et la Liberté.*   **1 vol.**

— **Unité de l'espèce humaine**, *prouvée par la similarité des conceptions et des créations de l'homme*, par le marquis de NADAILLAC. **1 vol.**

— **Le Socialisme contemporain et la Propriété.** — *Aperçu historique*, par M. Gabriel ARDANT.   **1 vol.**

— **Pourquoi le Roman immoral est-il à la mode et pourquoi le Roman moral n'est-il pas à la mode ?** *Etude sociale et littéraire*, par G. d'AZAMBUJA.   **1 vol.**

— **Certitudes scientifiques et Certitudes philosophiques**, par le R. P. DE LA BARRE, S. J., professeur à l'Institut catholique de Paris. 2ᵉ édition.   **1 vol.**

— **L'Ame de l'homme**, par J. GUIBERT, supérieur du séminaire de l'Institut catholique de Paris. 2ᵉ édition.   **1 vol.**

— **Faut-il une religion ?** par M. l'abbé GUYOT, ancien professeur de théologie. 2ᵉ édition.   **1 vol.**

— *Du même auteur :* **Pourquoi y a-t-il des hommes qui ne professent aucune religion ?** 2ᵉ édition.   **1 vol.**

— **Nécessité scientifique de l'existence de Dieu**, par P. COURBET, 2ᵉ édition.   **1 vol.**

— *Du même auteur :* **Jésus-Christ est Dieu.** 2ᵉ édition.   **1 vol.**

— **Etudes sur la pluralité des mondes habités et le dogme de l'Incarnation**, par le R. P. ORTOLAN, docteur en théologie et en droit canonique, lauréat de l'Institut catholique de Paris, membre de l'Académie de Saint-Raymond de Pennafort. 2ᵉ édition.   **3 vol.**
I. — *L'Epanouissement de la vie organique à travers les plaines de l'infini.*   **1 vol.**
II. — *Soleils et terres célestes.*   **1 vol.**
III. — *Les Humanités astrales et l'Incarnation.*   **1 vol.**
Chaque vol. se vend séparément.

— **L'Au-delà ou la Vie future d'après la foi et la science**, par M. l'abbé J. LAXENAIRE, docteur en théologie et en droit canon, et de l'Académie de Saint-Thomas-d'Aquin, professeur au grand séminaire de Saint-Dié. 2ᵉ édition.   **1 vol.**

— **Le Mystère de l'Eucharistie.** — Aperçu scientifique, par M. l'abbé CONSTANT, docteur en théologie, lauréat de l'Institut catholique de Paris. 2ᵉ édition.   **1 vol.**

— **L'Eglise catholique et les Protestants**, par G. Romain, auteur de : *L'Eglise et la Liberté* et *Le Moyen Age fut-il une époque de ténèbres et de servitude ?* 2° édition.   **1** vol.

— **Mahomet et son œuvre**, par I. L. Gondal, professeur d'apologétique et d'histoire au séminaire Saint-Sulpice. 2° édition.   **1** vol.

— **Christianisme et Bouddhisme** (*Etudes orientales*), par M. l'abbé Thomas, vicaire général de Verdun. 2° édition.   **2** vol.

Première partie : *Le Bouddhisme.*

Deuxième partie : *Le Bouddhisme dans ses rapports avec le christianisme. — Ascétisme oriental et ascétisme chrétien.*

— **Où en est l'hypnotisme**, son histoire, sa nature et ses dangers, par A. Jeanniard du Dot, auteur du *Spiritisme dévoilé.* 2° édit. 1 vol.

— *Du même auteur :* **Où en est le Spiritisme**, sa nature et ses dangers. 2° édition.   **1** vol.

Viennent de paraitre :

— **L'Ordre de la nature et le Miracle**, faits surnaturels et forces naturelles, chimiques, psychiques, physiques, par le R. P. de la Barre, S. J., professeur à l'Institut catholique de Paris.   **1** vol.

— **L'Homme et le Singe**, par M. le marquis de Nadaillac. **2** vol.

— **Opinions du jour sur les peines d'outre-tombe.** *Feu métaphorique — Universalisme — Conditionnalisme — Mitigation,* par le P. Tournebize, S. J.   **1** vol.

— **Comment se sont formés les Evangiles.** *La question synoptique — L'Evangile de Saint Jean,* par le P. Th. Calmes, professeur au grand séminaire de Rouen.   **1** vol.

— **Le Talmud et la Synagogue moderne**, par A. F. Saubin.   **1** vol.

— **L'Occultisme ancien et moderne.** *Les mystères religieux de l'antiquité païenne — La kabbale maçonnique — Magie et magiciens fin de siècle,* par I. Bertrand.   **1** vol.

— **L'Hypnotisme transcendant en face de la philosophie chrétienne**, ouvrage dédié au Dr Ch. Hélot, par A. Jeanniard du Dot.   **1** vol.

— **L'Impôt et les Théologiens.** *Etude philosophique, morale et économique,* par le comte de Vorges, ancien ministre plénipotentiaire, membre de l'Académie de Saint-Thomas, etc., etc.   **1** vol.

— **Nécessité mathématique de l'Existence de Dieu.** *Explications — Opinions — Démonstration,* par René de Cléré.   **1** vol.

— **Saint Thomas et la Question juive**, par Simon Deploige, professeur à l'Université Catholique de Louvain.   **1** vol.

— **Premiers principes de Sociologie Catholique**, par l'abbé Naudet, professeur au collège libre des sciences sociales, directeur de la *Justice Sociale.*   **1** vol.

— **Le déluge de Noé et les races Prédiluviennes**, par C. de Kirwan.   **2** vol.

— **La Patrie.** — *Aperçu philosophique et historique,* par J. M. Villefranche.   **1** vol.

— *Protestants et Catholiques au* xvi° *siècle.* — **La Saint-Barthélemy**, par Henri Hello.   **1** vol.

— **L'Esprit et la Chair.** *Philosophie des macérations,* par Henri Lasserre, auteur de *Notre-Dame de Lourdes,* etc., etc.   **1** vol.

Imp. des Orph.-Appr., D. Fontaine, 40, rue La Fontaine, Paris-Auteuil.

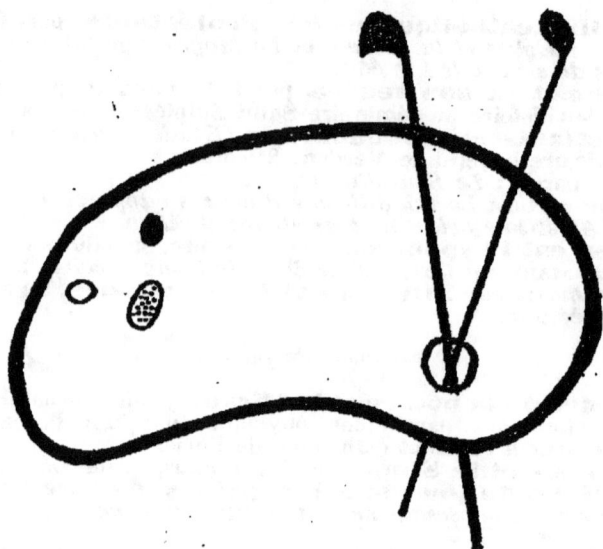

FIN D'UNE SERIE DE DOCUMENTS
EN COULEUR

SCIENCE ET RELIGION
Études pour le temps présent

LE DÉLUGE DE NOÉ

et les Races Prédiluviennes

PAR

C. de KIRWAN

MEMBRE ASSOCIÉ DE L'ACADÉMIE DELPHINALE
CORRESPONDANT FRANC-COMTOIS DE L'ACADÉMIE DE BESANÇON

TOME PREMIER

LE DÉLUGE FUT-IL UNIVERSEL ?

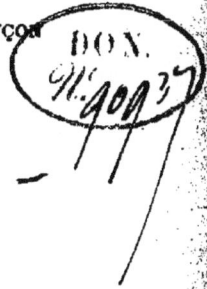

PARIS
LIBRAIRIE BLOUD ET BARRAL
4, RUE MADAME ET RUE DE RENNES, 59
—
1899

La présente étude sur le **Déluge de Noé**, etc. 2 vol., a paru dans les **Revues Thomiste, Biblique** et des **Questions scientifiques**.

(Note des Editeurs.)

LE DÉLUGE DE NOÉ

FUT-IL UNIVERSEL ?

___

I

Historique des discussions auxquelles la question a donné lieu.

S'il est, en matière d'exégèse biblique, une question qui ait naguère soulevé des orages, c'est assurément celle de l'interprétation du déluge de Noé dans le sens de sa non–universalité.

La polémique sur ce point a été particulièrement ardente entre les années 1880 et 1890. La thèse de la non–universalité allait à l'encontre de traditions respectables et d'habitudes d'esprit plusieurs fois séculaires ; en pareil cas, le premier mouvement consiste presque toujours à s'insurger contre une interprétation nouvelle, surtout si elle *semble* devoir porter atteinte au dogme lui-même, trop facilement confondu avec des annexes sur lesquelles l'Église ne s'est jamais prononcée.

Ce n'est pas, cependant, que longtemps avant les dates ci-dessus indiquées, diverses voix ne se fussent fait entendre en ce sens.

Mais c'est, croyons-nous, le regretté François Lenormant qui, de nos jours a, le premier, sur le terrain catholique, sinon émis, du moins vulgarisé devant le grand public l'opinion que le déluge biblique pourrait bien n'avoir eu, même par rapport à l'homme et en dehors de la famille de Noé, qu'une universalité relative. Schœbel avait déjà exprimé, après Cuvier, cette pensée dans un opuscule d'ailleurs peu répandu et aujourd'hui introuvable (1). Avant Cuvier même elle avait rencontré de sérieux adhérents ; car Le Pelletier, qui les signale sans les nommer, emploie toutes ses forces à les combattre. L'illustre géologue et ethnographe belge d'Omalius d'Halloy, non moins catholique sincère que savant éminent, avait, en 1866, dans un discours prononcé à l'Académie royale de Belgique, affirmé que les différences présentées actuellement par les diverses races humaines n'ont pu se produire depuis Noé, et que l'interprétation biblique qui fait descendre tous les hommes de ce patriarche pourrait ne pas être exacte. Cette opinion a été partagée depuis par un de nos anthropologistes les plus considérables, feu le vénérable M. de Quatrefages, dont les convictions spiritualistes et religieuses sont connues. Un jésuite français de la province belge, le R. P. Bellynck, qui fut un naturaliste distingué, appréciait cette vue nouvelle dans les *Études religieuses* d'avril 1868 ; et, s'il ne la faisait pas sienne, du moins reconnaissait-il qu'elle n'avait rien de contraire à l'orthodoxie.

(1) *De l'universalité du déluge,* Paris, 1858.

Les premières éditions de l'*Histoire ancienne d'Orient* parurent en 1868 et 1869. On sait que la mort prématurée du chrétien auteur, François Lenormant, a interrompu la publication de la neuvième, que nous aurons occasion d'utiliser. Appuyé sur ces autorités, il a développé l'interprétation nouvelle en la donnant comme tout au moins plausible, sinon probable, et faisant remarquer que dans les premiers siècles de l'Église la question fut vivement controversée, comme nous l'apprend saint Jérôme dans ses *Questions hébraïques sur la Genèse* (1).

Plus tard, le célèbre physicien anglais John Tyndall, dans le discours resté fameux qu'il prononça en 1874 à Belfast, se servit, pour attaquer la véracité des livres saints, de l'opinion, citée plus haut, de d'Omalius d'Halloy. Il lui fut répondu par un savant religieux belge, le R. P. Delsaulx, qui publia en 1876 une série d'études sur ce sujet dans la *Revue catholique* de Louvain. Ces articles furent ensuite réunis en un volume (2) dans lequel on lit, page 41, cette phrase significative : « Personne ne niera que le dogme du péché originel défini par le Concile de Trente, ne donne à la certitude de la descendance adamique du genre humain un caractère absolu que n'a pas sa descendance noémique. » Il est vrai que le savant jésuite ajoute aussitôt qu'il préfère à cette interprétation celle qui consiste à étendre les bases de la chronologie biblique, et à voir, avec Chabas,

_____

(1) *Manuel d'histoire d'Orient*. 3ᵉ édition, 1869. tome I, pp. 75 et suiv.

(2) *Les derniers écrits philosophiques de M. Tyndall*, par le P. Jos. Delsaux, S. J., Paris, Baltenweck.

dans l'histoire très sommaire du déluge et des
patriarches, « un souvenir des tribus primitives
personnifiées dans quelques individualités, confor-
mément au génie des Hébreux, plutôt que de renverser une croyance dont aucun fait n'est venu
jusqu'ici ébranler les fondements. » C'est en 1876 et
1877 que le docte religieux écrivait ces dernières
lignes. Depuis lors bien des faits ont été mis en
lumière qui ont passablement ébranlé les fondements
de l'interprétation admise jusqu'alors.

Dans une modeste étude sur la Science et l'Exégèse contemporaine, publiée dans l'ancien *Contemporain* (1) de janvier 1879, l'auteur de ces pages se
hasarda à relater cette interprétation fort nouvelle
encore et assez peu répandue. En juillet 1880,
M. l'abbé de Foville, rendant compte d'un ouvrage
allemand (*Naturforschung und Bibel*, par le docteur en philosophie Karl Güttler), effleure en passant
la question qui nous occupe. Il admet qu'elle soulève
« des objections très graves », mais estime que l'auteur, en la condamnant absolument, outre la portée
de ces objections (2). Quelques mois plus tard, après
nouvelle étude de la question, nous cherchâmes à
faire voir, dans quelques pages publiées en mars
1881 par la revue lyonnaise *La Controverse* (3)
(t. Ier, pp. 385-397 et 436-445), que les principales
objections opposées au nom de la science au déluge

(1) Depuis fusionné avec la *Controverse*.

(2) Cf. *Revue des questions scientifiques*, t. VIII, p. 253, *ad notam*.

(3) Devenue elle-même ultérieurement *La Science catholique*.

biblique disparaîtraient, s'il arrivait que la nouvelle interprétation parût quelque jour pouvoir être adoptée (1). Durant la même année, la *Revue des questions scientifiques* publia, sous ce titre : *Les théories du déluge* (2), une étude un peu plus approfondie sur le même sujet : sans y prendre parti pour la nouvelle théorie, nous nous attachions cependant à faire ressortir les importants avantages qu'elle présenterait pour couper court à toute objection et dissiper toute contradiction entre les faits géologiques, anthropologiques, ethnographiques, philologiques, etc., probants ou dûment constatés, et la relation mosaïque.

Déjà, au surplus, la question avait commencé à préoccuper les esprits. Dans une des séances de la Société scientifique de Bruxelles (27 janvier 1881), elle avait été incidemment soulevée par M. Proost et quelques autres membres, à l'occasion d'une étude sur la *race nègre*. M. l'abbé Swolfs y avait combattu l'opinion des partisans de la restriction du déluge, mais non pas au point de vue de l'orthodoxie, car il reconnaissait hautement que cette opinion n'est pas hérétique : il estimait seulement qu'elle ne reposait pas sur des fondements suffisamment solides (3).

C'est alors qu'une polémique assez suivie s'éleva dans la *Controverse*, entre Mgr de Harlez, le savant orientaliste de Louvain, M. l'abbé Jaugey,

(1) *Objections scientifiques contre le déluge de Noé*, dans la *Controverse* des 1er et 16 mars 1881.

(2) *Loc. cit.*

(3) Cf. *Annales* de la Société scientifique de Bruxelles ; cinquième année, 1880-1881, p. 102 et 103 de la première partie.

directeur de cette revue, Mgr Lamy, de l'Université de Louvain, et M. l'abbé Motais, de l'Oratoire de Rennes. Ce dernier reçut de M. Jaugey une sorte de mise en demeure sous forme de diverses interrogations auxquelles il était prié de répondre. Parmi elles, il en est une qu'il est utile de relever ici. Elle était ainsi conçue :

« N'est-ce pas une témérité que d'interpréter le texte scripturaire en ce sens que le déluge n'aurait pas fait périr tous les hommes à l'exception de Noé et de sa famille ? Le silence de l'autorité ecclésiastique au sujet de cette interprétation est-il une preuve que l'Église la tolère ? » (1).

La réponse du savant oratorien eut ce caractère de netteté, de précision et de puissance de raisonnement qui distingue généralement les écrits du docte exégète. Elle reproduit d'abord le texte des versets des vi^e et viie chapitres de la Genèse où figurent les expressions superlatives qui se rapportent à l'universalité, soit dans l'étendue (*universa terra,* — *omnes montes sub universo cœlo..*), soit dans la quantité (*universa caro,* — *cuncta animantia,* — *universi homines..*). Ces deux classes d'expressions sont corrélatives, en sorte que, si l'une des deux implique nécessairement l'universalité, il en est de même de l'autre, et *vice versa*. D'où cette conséquence qu'il n'est pas logique d'admettre l'universalité quant à la quantité seulement des êtres qui furent impliqués dans la catastrophe, et que, si l'on doit croire celle-ci, il faut nécessairement comprendre dans cette croyance

(1) Cf. *La Controverse*, t. **VI**, p. 82, 1883 : Réponse à trois questions sur l'universalité du déluge et la confusion des langues.

l'étendue géographique elle-même. Les expressions du texte biblique sont en effet identiques dans les deux cas.

Cela posé, il faut examiner si les termes employés, si expressifs qu'ils soient et si absolus qu'ils paraissent, doivent être pris au pied de la lettre dans le sens précis et rigoureux que le génie de nos langues occidentales attache volontiers à de telles expressions; ou bien s'ils ne sont pas susceptibles d'être interprétés dans un sens plus restreint, comme semblent y autoriser les habitudes de langage des peuples orientaux. Et, par de nombreux exemples choisis dans les saintes Écritures, l'écrivain consultant conclut en faveur de cette dernière alternative : des expressions tout aussi énergiques, tout aussi absolues, toutes semblables, sont employées en des circonstances où il ressort manifestement du contexte qu'il ne s'agit que de quantités et d'étendues éminemment limitées. Un passage cependant semblerait échapper à toute possibilité d'interprétation en ce sens : c'est celui dans lequel il est parlé des trois fils de Noé, comme étant les auteurs de la dispersion *du genre humain tout entier* sur toute la terre : « Tres isti sunt filii Noe, et ab his disseminatum est *omne genus hominum* super universam terram (1). » Seulement il se trouve que les seuls mots qui sembleraient commander ici l'interprétation ancienne, *omne genus hominum,* « le genre humain tout entier », sont eux-mêmes une interprétation :

(1) Genèse, ix, 19 : Ce sont là les trois fils de Noé et c'est par eux que *toute la race des hommes* s'est répandue sur la terre entière. (Trad. de l'abbé Glaire, éd. Vigouroux).

ils se lisent sans doute dans la Vulgate, mais n'existent pas dans le texte hébreu, où on lit seulement: « Et
ab his dispersa est omnis terra (*kòl haarets*) », littéralement: « et par eux toute la terre fut dispersée. »
Enfin le savant commentateur insiste sur ce point
que la Tradition n'apparaît pas ici avec un caractère
de décision nette, unanime et définitive, suffisant
pour qu'on ait le droit de la faire intervenir comme
organe de l'Eglise. La situation est analogue à ce
qu'elle était avant Copernic relativement au miracle
de Josué.

La conclusion de la dissertation que nous venons
de résumer se formule d'elle-même : Si l'opinion de
l'universalité absolue du déluge est soutenable et
plausible à la première vue du texte biblique, l'opinion contraire, celle que le déluge décrit par Moïse
aurait pu épargner d'autres hommes que la famille
de Noé, ne serait ni hétérodoxe ni téméraire, mais
rentrerait dans l'ordre des opinions libres.

C'est à la suite de cette réponse, et probablement
sous l'inspiration des questions qui lui auraient donné
lieu, que le regretté abbé Motais publia son important
ouvrage intitulé : *Le Déluge biblique devant la foi,
l'Écriture et la science*, dans lequel il se pronon-
çait résolument, avec d'importantes considérations
à l'appui, pour la non-universalité ethnique du
déluge ; ou du moins pour une universalité toute
relative et réduite au noyau, au groupe principal de
l'humanité, au monde policé d'alors, défalcation
faite des tribus errantes qui pouvaient s'en être
antérieurement séparées et vivaient ignorées de lui
dans des contrées inconnues et lointaines.

L'apparition de cet ouvrage mit en quelque sorte le feu aux poudres. Nous-même, simple laïque, l'ayant analysé et commenté avec éloge dans la *Revue des questions scientifiques* (1), fûmes, et cette revue avec nous, accusé d'hérésie et de révolte contre l'autorité de l'Église, par feu M. l'abbé Jaugey, dans un court mais virulent article de la *Contro- verse* (2). Une verte et péremptoire réplique du très savant, mais « très peu laïque » directeur de la re- vue où avait paru l'article incriminé (3), suivit de près, ne laissant rien subsister des accusations mieux intentionnées que fondées du « gendarme de l'orthodoxie », comme l'appelait le P. Carbon- nelle.

Ce ne fut là qu'un incident particulier. Mais la lutte n'en continua pas moins vive dans plusieurs recueils périodiques, avec, ou plutôt contre M. l'abbé Motais et les tenants de la nouvelle interprétation. La *Revue des sciences ecclésiastiques* d'alors se dis- tingua dans cette querelle par des attaques où la vio- lence ne dissimulait pas toujours le manque de soli- dité de l'argumentation ; feu M. l'abbé Rambouillet, notamment, publia, sous le titre de *Caïn redivivus* une série d'articles pouvant constituer un pamphlet assez ardent, mais n'apportant pas grand appui, au fond, à la cause qu'il prétendait servir.

Sur les entrefaites, l'abbé Motais mourut assez

(1) Livraison d'octobre 1885 : *Le déluge biblique et les races antédiluviennes.*

(2) Livraison du 15 novembre 1885 : *Une erreur au sujet de l'infaillibilité de l'Église.* Nouvelle série, t. IV, pp. 504 et suiv.

(3) Cf. *Rev. quest. scient.*, janvier 1886 : *Une accusation d'hé- résie, réponse à la « Controverse »,* par le R. P. I. Carbonnelle, S. J.

prématurément, fort affecté, dit-on, des attaques
nombreuses et souvent peu mesurées dont il était
l'objet. Plus d'une fois, en effet, on semblait n'avoir
pas strictement pratiqué à son égard la sage maxime
de saint Augustin :

In necessariis unitas,
In dubiis libertas,
Et in omnibus caritas !

Lui mort, la lutte se continua, sous une forme
d'ailleurs moins discourtoise et plus grave entre
M. l'abbé Charles Robert, son disciple et son ami,
et le savant exégète R. P. Brucker, S. J. (1).

Il est à remarquer que, dans toute cette polémique,
les adversaires de l'interprétation nouvelle se placè-
rent très principalement sur le terrain théologique
et exégétique pur, n'opposant aux considérations
scientifiques qu'une dialectique accessoire et des
réfutations peu probantes. Leur argumentation maî-
tresse consistait toujours à établir une connexion
soi-disant nécessaire entre, d'une part, l'enseignement de l'Église et le dogme de la Rédemption, et,
d'autre part, l'universalité au moins ethnique du déluge.

Peu à peu, cependant, le calme se fit sur cette
question, la querelle s'apaisa. Plus d'un adversaire
résolu, au début, de la non-universalité, finit par se
rendre en présence des faits et de la réplique ; et ceux
qui gardèrent leur opinion première, s'ils n'en lais-

---

(1) Les articles du savant religieux parurent dans les *Etudes*
de cette époque, et les répliques de l'abbé Ch. Robert dans la *Revue des questions scientifiques* de janvier, avril et octobre 1887.
— Le R. P. Brucker a reproduit ses articles dans son récent ouvrage intitulé : *Questions actuelles d'Ecriture sainte*, 1895, un
vol. in-8° de x-330 p. 1895 ; Paris, Retaux.

sèrent pas tomber entièrement la discussion, ne lui conservèrent pas le ton aigre et acerbe qui l'avait d'abord signalée.

En fait, elle était de leur part assez difficile à soutenir. Ils abandonnent bien l'universalité *géographique* et admettent que le déluge ne s'est étendu que sur la portion *alors habitée* du globe terrestre. Par là, il est vrai, la question se simplifie : on supprime les innombrables difficultés ou impossibilités cosmiques, physiques, physiologiques, voire architectoniques et économiques, accumulées par l'hypothèse d'une sphère d'eau enveloppant notre sphéroïde tout entier jusqu'à « quinze coudées » au-dessus du sommet du Gaurisankar (8840^m), et d'une arche contenant et faisant vivre, pendant une année entière, des représentants mâles et femelles des innombrables espèces animales du monde entier.

Ce serait parfait si l'on pouvait établir en même temps que l'humanité était encore réunie intégralement sur une partie restreinte de la surface du globe, sur la centième partie, par exemple, comme, paraît-il, le prétendait Vossius, sans que la moindre parcelle de son ensemble eût été encore essaimer au loin.

Malheureusement pour l'hypothèse, c'est précisément le contraire qui semble de plus en plus prouvé.

A l'époque où l'on s'accorde généralement à placer le déluge de Noé, les hommes étaient disséminés déjà sur la majeure partie, peut-être sur la totalité de la surface habitable du globe. Peu de siècles après la sortie de l'Arche, se place ce que l'on a appelé la *Confusion des langues* et qui n'était probablement, comme nous le verrons plus loin, que la confusion des volontés, la discorde autrement dit. C'est de cet épisode que l'on fait généralement dater la dispersion des groupes noachides à travers le monde. Il est probable néanmoins qu'elle a eu lieu à une ou plusieurs époques différentes, rien ne prouvant d'ailleurs d'une manière certaine que l'événement de la tour de Babel soit postérieur plutôt qu'antérieur au déluge. Le récit en est, il est vrai, placé à la suite du tableau ethnologique des descendants de Noé : mais il n'est rattaché par aucun lien apparent à cette énumération non plus qu'à celle de la descendance de Sem qui le suit immédiatement (1). En tout cas, lorsque se produisirent les migrations contemporaines de Phaleg, quatrième descendant de Sem, « pendant les jours de qui la terre fut divisée (*in diebus ejus divisa sit terra*) (2), » les enfants de Japhet avaient déjà donné naissance à des peuples. Il y a eu donc plusieurs dispersions ; ou plutôt la dispersion des peuples issus de Noé s'est opérée en plusieurs exodes, dont le fait de Babel dans les plaines de Sennaar, s'il n'est pas d'une époque antérieure, ne serait qu'un simple épisode (3), concernant seulement la descendance de Sem (4). Mais, à quelques époques qu'ils effectuent leurs migrations, les descendants de Noé ne sont pas les premiers : d'autres

(1) Cf. Mgr de Harlez. *La Linguistique et la Bible*, dans la *Controverse*, t. V. année 1883, 1ᵉʳ semestre, p. 574. — Abbé Pelt, *loc. cit.*, 2ᵉ éd⁻⁻, p. 110.

(2) *Gen.*, x, 25.

(3) Cf. Mgr de Harlez. *loc. cit.*

(4) Cf. Abbé Motais, *loc. cit. præcip.* p. 246.

peuples les ont précédés, qui sont ensuite dominés ou coudoyés par eux.

Ces peuples, Moïse n'en parle pas, et son silence paraît systématique et voulu. Nous aurons, dans la seconde partie de ce travail, à examiner avec quelque détail, la répartition probable des races auxquelles appartenaient ces peuples. Il ne sera pas inutile toutefois, pour l'intelligence de ce qui va suivre, d'en donner dès à présent un aperçu sommaire.

On sait qu'une fraction considérable du groupe des descendants de Japhet, la fraction orientale, s'était partagée en deux rameaux. Primitivement établie au bassin supérieur des fleuves Oxus (Amou-Daria) et Iaxarte (Syr-Daria) (1), elle dirigea une partie de son effectif vers l'Inde et dut, pour avancer et s'établir, soumettre ou refouler de puissantes populations dravidiennes. Un autre rameau, obliquant vers le sud-ouest, se porta sur le versant oriental de la chaîne qui descend de l'Ararat à la pointe nord du golfe Persique. De ces deux groupes importants des descendants de Japhet, Moïse s'occupe peu ou ne s'occupe point. A plus forte raison passe-t-il sous silence les peuples auxquels ils durent disputer le sol sur lequel ils s'établirent. Il y avait cependant, par delà les montagnes qui longent la rive gauche du Sind, des sociétés déjà puissamment organisées.

Les enfants d'Elam, l'un des fils de Sem, y trouvent un peuple nombreux, et plus loin les fils de

---

(1) Cf. Fr. Lenormant. *Hist. anc. d'Orient*, 9ᵉ édition. *Les Origines de l'Histoire*, 2ᵉ édition.

Madaï, enfants de Japhet, se superposent à des peuples de la Médie.

Sidon, Jebusæus, Amorrhæus, Hevæus et les autres enfants de Chanaan, troisième fils de Cham, ne trouvent pas vide et déserte la terre de Chanaan, à laquelle ils donnent le nom de leur père, bien que l'ethnographie du chapitre X de la Genèse reste muette sur ce fait. Mais plus loin, au chapitre XIV, v. 5, elle nous parle des *Raphaïm*, des *Zouzim*, des *Emim* parmi les peuples battus par Chodorlahomor et ses alliés. Les Nombres (XIII, 29, 34), le Deutéronome (I, 28), signalent les fils d'Enach, les *Enakim*, race de géants, les *Emim*, qui furent « les premiers habitants de la terre d'Ar » (*Emim primi fuerunt habitatores ejus, populus magnus et validus et tam excelsus ut de Enacim stirpe quasi gigantes crederentur*. Deut. II, 10, 11) (1). Les *Enakim*, les *Raphaïm* sont également mentionnés dans Josué (XIV, 12, — XV, 8, 13, — XVII, 15) comme des hommes de stature extraordinaire et semblables à ceux auprès desquels les Israélites envoyés en reconnaissance dans la Terre promise se comparaient à des sauterelles. Ces tribus redoutables étaient des restes des possesseurs du sol antérieurement à la première conquête par les descendants de Cham.

La race de Misraïm, second fils de Cham, ne se répandit pas sans coup férir dans la vallée du Nil : elle y trouva des peuples mélaniens ou nègres en pleine possession des côtes orientales de l'Afrique

—————

(1) Les Emim, premiers habitants de ce pays, étaient un peuple grand et puissant et d'une si haute stature qu'on les croyait de la race d'Enach, comme les géants.

et les domina sans les refouler jamais complètement. Plus au nord, les groupes aryas s'étaient heurtés à des populations saces et touraniennes, elles-mêmes avoisinées, à l'approche des régions septentrionales, par les tribus ougro-finnoises à l'ouest, altaïques à l'est.

Comment expliquer la présence de tant de populations si diverses et en pleine possession du sol, lorsque les tribus noachides commencent à s'ébranler pour se disperser sur la terre ? On dira que Noé et ses trois fils ont pu avoir, après la sortie de l'arche, des enfants que la Bible ne mentionne point ; la Genèse, en effet, nous apprend que Sem, après la naissance d'Arphaxad, *genuit filios et filias* (1). Dira-t-on que ces enfants auraient été la source de ces peuples jaunes, noirs et de sang mêlé ? Mais l'invraisemblance d'une telle origine ne saute-t-elle pas aux yeux ? Quoi ! ce seraient les puînés, les cadets, qui seraient la souche de races antérieures et déjà assez vieilles pour avoir pu produire plusieurs types différents, lorsque les enfants des aînés auraient commencé à peine à s'étendre et à se disperser ?

Sans doute on peut contester, en tant que ne représentant pas encore une certitude absolue, les découvertes des savants orientalistes, sur lesquelles reposent ces résultats. Qu'on y prenne garde, cependant. Ce sont les travaux des mêmes savants qui ont apporté, et apportent tous les jours, aux faits historiques consignés dans nos Livres saints

(1) Toutefois il est très admissible également que le *filios* signalé au chapitre XI se rapporte à ses fils, autres qu'Arphaxad, mentionnés au chapitre précédent.

les justifications les plus éclatantes et les plus inattendues : on n'a, pour s'en convaincre, qu'à ouvrir l'important ouvrage de M. l'abbé Vigouroux sur *La Bible et les découvertes modernes*, ainsi que le *Dictionnaire de la Bible*, publié sous sa direction. Or, si l'on accueille, avec une joie d'ailleurs bien légitime, ces confirmations, hier encore non soupçonnées, de faits précis rapportés par la Bible, est-il équitable, est-il logique surtout de repousser les conséquences des travaux des mêmes savants lorsqu'elles semblent porter atteinte non pas à un fait, mais à une simple interprétation qui n'intéresse d'ailleurs ni le dogme ni les principes de la morale, et cela uniquement parce que cette interprétation est ancienne et a, faute antérieurement de motifs à l'encontre, prévalu jusqu'ici ?

Les données de la linguistique viennent au surplus à l'appui de ce qui vient d'être exposé.

On sait que la gradation naturelle du langage va des langues *monosyllabiques* ou *isolantes* aux langues *agglutinatives* ou *agglomérantes*, et de celles-ci aux langues *à flexion*. On sait aussi que, suivant leur plus ou moins d'aptitude à la civilisation et au progrès, les races ou groupes humains franchissent plus ou moins rapidement ces diverses étapes de perfectionnement du langage. D'où il suit que, étant donné l'unité d'origine de l'espèce humaine qui n'est pas sérieusement contestée, les groupes ethniques parlant des langues isolantes nous représentent des peuples restés stationnaires dans le système de langage le plus ancien, puisqu'il remonte à la naissance même de l'humanité. Ceux qui parlent les langues agglutinatives, dans lesquelles les racines s'accolent les unes aux autres sans fusion et contraction entre elles, ont accompli lentement un premier progrès. Seuls les peuples qui font usage des langues flexionnelles possèdent l'instrument complet de la civilisation.

Or, toutes les langues parlées par les groupes de descendance sûrement noachide sont des langues à flexion. Comme il n'est pas possible de supposer que Noé, ses fils et leurs femmes ne parlassent pas la même langue, il faut donc admettre que, à l'époque du déluge, il y avait des peuples qui en étaient arrivés déjà aux langues flexionnelles. Mais les populations, groupes ou tribus, comme on voudra les appeler, que les noachides rencontrèrent dans leurs émigrations, parlaient les uns des langues isolantes, les autres des langues agglutinatives. Leurs descendants les parlent encore. Ils n'étaient donc pas issus de Noé.

En vain objecterait-on l'événement de la tour de Babel avec la confusion dite des langues. Laissons de côté la supposition, après tout conjecturale, que le fait serait antérieur au déluge. Un point sur lequel on est aujourd'hui généralement d'accord, c'est que le groupement d'un grand nombre d'hommes dans les plaines de Sennaar, l'érection par eux d'un monument, suivie de leur dissémination en divers lieux, se rapporte à une fraction seulement de l'humanité. Les exégètes de la *Civiltà cattolica* l'admettent comme M. l'abbé Vigouroux (1). Mais

(1) « Moïse, en exposant la filiation des peuples, dit la *Civiltà cattolica* dans la *Tavola etnografica di Mosè* (15 février 1879), se borne à une seule des grandes races humaines, à celle qui

rien n'indique que cette fraction ait compris même la race blanche tout entière : d'autres migrations des enfants de Japhet et de Cham avaient eu lieu depuis un temps plus ou moins long hors de l'assemblée de Sennaar, contemporaine de Phaleg ; et le regretté abbé Motais a fait voir, avec une grande abondance de preuves, que ce groupement était celui du noyau principal des descendants de Sem, qu'il était dans les vues de la Providence de disperser. Il montre très bien aussi, par des considérations philologiques, que le mot *lèvre* (labium) qu'on a traduit en français par *langue* dans le sens de langage, signifie aussi bien l'unité de sentiments (*erat terra labii unius et sermonum eorumdem*, Gen., XI, 1) que l'unité de langage. Ce mot, employé soixante-douze fois dans l'Ancien Testament, n'y figure pas une seule fois en ce sens, la lèvre y indiquant soit l'instrument matériel de la parole, soit la figure des sentiments qu'elle exprime (1). Rien donc n'oblige à voir, dans la con-

---

tient indubitablement le premier rang et l'emporte sur toutes les autres, c'est-à-dire la race blanche. Il ne dit rien des trois races inférieures, la jaune, la rouge et la noire, qui sont pourtant une partie de l'espèce humaine. Nous ne devons pas nous en étonner, parce que le but de Moïse ne fut pas de décrire l'origine de tous les peuples, mais seulement de ceux que connaissait le peuple hébreu ou qu'il lui importait le plus de connaître. » (L'abbé Vigouroux, *Manuel biblique*, 2ᵉ édition, 1881, t. Iᵉʳ, p. 466, § 331). De cette dernière remarque, éminemment fondée, il résulte qu'il est très admissible que *toute* la race blanche elle-même, c'est-à-dire toute la descendance connue de Noé, n'ait point participé à l'événement de Babel, car elle comprenait plusieurs peuples dont les Hébreux ont toujours ignoré l'existence.

(1) Cf. Abbé Motais, *loc. cit.*, pp. 239-240 ; Mgr de Harlez, *Controverse*, juin 1883 ; abbé Ch. Robert, *La non-universalité du déluge*, 1887, p. 66 ; plus récemment, le P. Van den Gheyn, *Revue des quest. scient.*, t. XXXIV, p. 103 à 127, *Les races et les langues*. — M. l'abbé Pelt qui, dans la 1ʳᵉ édition de son *Histoire de l'Ancien Testament* (1897, Paris, Lecoffre) paraissait repousser cette interprétation, reconnaît, dans sa 2ᵉ édition (1898, t. I, p. 109 à 112), qu'elle est admissible.

fusion des langues autour de Babel, autre chose que
la confusion des idées, la diversité des vues rendant
tout accord impossible. Il n'est pas besoin au surplus
de remonter jusqu'aux temps postdiluviens pour en
rencontrer des exemples. Ce désaccord général
était pleinement suffisant pour provoquer la sépa-
ration et la dispersion des familles réunies à Sennaar,
et rien n'oblige à y rattacher un phénomène miraculeux de linguistique. Ce n'est donc pas là que l'on
trouvera la solution à la difficulté de cet ordre indi-
quée plus haut.

Voudra-t-on se rejeter sur cette considération
que le fait que les langues des descendants connus
de Sem, Cham et Japhet étaient flexionnelles ne
prouve pas que Noé et sa famille n'aient pas parlé
une langue monosyllabique qui, à travers les géné-
rations de leurs descendants, aurait donné naissance
à des langues agglutinatives, d'où se seraient for-
mées les langues à flexion que les orientalistes ont
reconnues ? Cette manière d'éluder une difficulté en
provoque une autre. Les langues primitives des
races blanches partent de deux sources, la source
aryaque ou japhétique et la source chamo-sémitique :
c'est plus tard seulement que la seconde s'est frac-
tionnée en langues chamitiques et sémitiques dis-
tinctes. Ces deux sources provenaient nécessairement d'une origine commune ; et celle-ci devait être
très rapprochée de la sortie de l'arche, puisque nous
voyons les fils de Japhet devenir chefs de peuples
bien longtemps avant la dispersion des descendants
de Sem, et que, trois ou quatre mille ans avant
Jésus-Christ, peut-être davantage, les chamites se

fixent avec leurs langues flexionnelles, sur les bords
du Nil, où ils se mêlent à une population nègre
indigène dont l'idiome est parvenu déjà à l'état
agglutinant.

Que si l'on veut résoudre la difficulté linguistique
en accroissant d'autant de siècles qu'il le faudra la
chronologie des patriarches postdiluviens, déjà
incertaine par elle-même, comme l'ont proposé le
P. Delsaulx et, plus récemment, le R. P. Brucker (1),
il reste toujours à expliquer d'où venaient les peuples que les descendants immédiats des trois Noachides rencontrent occupant le terrain de tous les
pays où ils émigrent.

Il y a aussi un autre ordre de considérations tirées
des connaissances métallurgiques, toutes d'emprunt
chez les peuples certainement noachides, et au contraire appartenant en propre à certains autres peuples, qui semblent en être bien réellement les inven-
teurs (2).

Les difficultés exposées jusqu'ici relativement au

(1) « Les monuments égyptiens nous montrent la race nègre,
dit Mgr de Harlez, déjà toute formée telle que nous la voyons,
à une époque qui se rapproche de très près du déluge. Pour
plusieurs, il semble difficile d'admettre qu'en un laps de temps
si court, le type noachide se soit ainsi déformé... » (Cf. La Controverse, 1883, t. V, p. 576 ad not.) — « Le sanscrit était déjà
sanscrit 2000 ans avant J.-C. La langue aryane commune date
conséquemment de 2500 ans avant J.-C. pour le moins. A cette
époque, l'assyrien était déjà une langue distincte, et plusieurs
siècles encore sont indispensables pour arriver à la langue
commune et primitive. Où trouver le temps naturellement nécessaire pour la ramification de l'idiome primitif d'où sont sortis
l'ariaque et le sémitique ? » (Ibid., p. 577 et 578). — « L'histoire est là, dit le savant P. Van den Gheyn, pour attester la
persistance des types anthropologiques depuis quatre et même
depuis cinq mille ans. » (Critique des Origines ariacœ, dans la
Revue des questions scientifiques du 20 avril 1884, p. 610.)

(2) Cf. L'Humanité primitive et ses origines, chap. VII, dans la
Revue des questions scientifiques du 20 octobre 1882, p. 427 du
t. XII.

système de l'universalité restreinte, sont, pour la
plupart, d'un ordre *extérieur*, en ce sens qu'elles
résultent de connaissances scientifiques nouvelles et
étrangères, quant à leur but et à leur point de départ,
à l'Ecriture sainte et à l'herméneutique. Il en est
d'autres qui se rattachent à l'exégèse elle-même,
naissent de l'examen des textes, et que nous aurons
occasion d'exposer par la suite.

Bornons-nous, pour le moment, à rappeler que
l'écrivain de la Genèse garde un silence complet
sur les peuples qui occupaient la Palestine quand les
enfants de Chanaan vinrent s'y établir. Il les connaissait cependant, puisqu'il nous les montre, dans
les récits suivants, en relation successivement avec
Abraham, lors de la guerre de la Pentapole, puis
avec les Israélites vers la fin de leur séjour au désert ;
et même encore lorsque Josué opère le partage de la
Terre promise entre les douze tribus. Il ne connaissait pas moins, et son peuple comme lui, la race
mélanienne, bien qu'il se tienne à son égard dans un
mutisme absolu, puisque pendant les quatre siècles
de la servitude d'Egypte, les enfants d'Israël avaient
été mêlés plus ou moins avec les représentants de ce
type, leurs compagnons d'esclavage.

Pourquoi ce silence, évidemment systématique et
voulu, sur tant de choses intéressantes au point de
vue même de l'auteur inspiré ? Il est impossible de
trouver une réponse à cette question, et le motif d'une
abstention aussi extraordinaire constitue une énigme;
à moins toutefois que l'on ne s'appuie sur la considération suivante : la Genèse a moins pour but de
retracer l'histoire des origines de l'humanité que de

narrer celle des origines du peuple hébreu ; dès lors
son auteur n'avait pas à parler de peuples et de races
complètement étrangers à celui-ci ou n'ayant avec
lui que des rapports d'ordre secondaire et sans influence sur ses destinées. D'ailleurs cette réserve
n'implique, de la part de l'écrivain sacré, nulle in-
tention de dissimuler l'existence de peuples qu'il
écarte ainsi de son tableau ethnographique, puisqu'il
ne craint point, par la suite, d'y faire allusion et même
de les désigner nominativement quand ils se trouvent
mêlés à son récit. Il ne s'en occupe pas, voilà tout.

Enfin si nous laissons de côté ces populations
déjà anciennes que rencontrèrent les descendants des
trois fils de Noé partout où ils se répandirent lors de
leur dispersion (1) ; si nous omettons les races noire,
jaune et rouge auxquelles ne fait aucune allusion le
chapitre X de la Genèse, son chapitre ethnographique
par excellence (2), il y a les découvertes incessantes
des traces de la présence de l'homme dès les temps
quaternaires sur les points les plus divers, en Amérique (3) comme en Europe, en Afrique comme en
Asie. Qu'il s'agisse de débris d'ossements humains,
d'armes et d'outils en silex taillés ou polis, de ca-
vernes ou d'abris sous roche contenant des vestiges

(1) Cf. *Le Déluge biblique et les races antédiluviennes*, § VI,
in *Rev. quest. scient.* d'octobre 1885.

(2) Cf. *L'Humanité primitive et ses origines*, VII, in fine. *Loc.
cit.*, octobre 1882.

(3) Il est juste de faire remarquer que l'origine quaternaire de
l'homme préhistorique en Amérique, est contestée par un certain
nombre d'anthropologistes. Elle est, d'autre part, énergiquement
soutenue par des savants de haute autorité, comme MM. Gau-
dry et Boule en France, Abbott en Amérique. (Cf. le marquis de
Nadaillac : *L'homme et le singe*, in *Rev. quest. scient.* de juillet 1898, p. 217 à 219, et dans la collection *Science et religion*.)

incontestables d'habitation humaine, de *palafittes* ou construction sur pilotis le long des rives des lacs et des grands fleuves, de débris de cuisine (*Kjoekken-mœddings*) comme on en rencontre surtout en Danemark, en Suède et en Norvège, ce sont toujours et partout des traces non contestables de la présence de l'homme dès l'époque où elles apparaissent pour la première fois, et se poursuivant sans interruption ni lacune à travers les âges.

Dès son origine, l'humanité s'est donc répandue un peu partout sur la surface du globe ; et par là même, la non-universalité *géographique* du déluge emporte avec elle sa non-universalité ethnique.

Aussi les adversaires de celle-ci ont-ils insisté sur les objections exégétiques et théologiques que nous reproduisons plus loin. Quoi qu'il en soit, l'apaisement s'est fait peu à peu dans les esprits comme on l'a dit plus haut ; et depuis plusieurs années déjà, la question, quand on l'aborde, reste sans doute non complètement résolue encore, et partant discutable et discutée ; du moins ne revêt-elle plus ce caractère de protestation violente et de polémique aiguë d'il y a une dizaine d'années.

C'est ainsi qu'un écrivain laïque, mais éminemment catholique en même temps que géologue distingué, a pu, il y a un petit nombre d'années, reprendre la thèse de la non-universalité dans une revue soumise à une direction non moins éminemment catholique et même « très peu laïque » : je veux parler de la *Revue Thomiste* et de M. Raymond de Girard, professeur à l'Université de Fribourg (1).

_____

(1) *Revue thomiste,* livraisons de novembre 1893, janvier et mai 1894 : *Théorie sismique du déluge.*

II

Caractère providentiel
mais non miraculeux du déluge.

La théorie de M. de Gi: rd, empruntée en partie
au géologue viennois Edouard Suess, mais étendue
et développée par lui sur un plan très vaste (1), va
beaucoup plus loin que ce que les plus hardis non-
universalistes avaient supposé jusqu'alors : il réduit
le déluge noachique à un cataclysme purement local,
n'ayant envahi que la basse Mésopotamie, ce qui ne
laisse pas que de soulever, au point de vue exégétique,
comme nous le verrons, plus d'une objection.

La théorie sismique du déluge s'appuie, comme
point de départ, sur une double donnée.

La première est celle de la non-universalité de la
tradition diluvienne. Non seulement le souvenir du
grand cataclysme n'existe pas chez toutes les races
(les races noires notamment n'en offrent aucun ves-
tige) ; mais, chez un certain nombre d'entre elles,
les traditions diluviennes se rapportent à des inon-
dations locales, qui n'ont rien de commun avec le

(1) Ce plan nécessitera la publication d'un grand nombre de
volumes sous cette rubrique générale : *Etudes de géologie
biblique*.
Trois de ces volumes ont paru jusqu'ici :
1° *Le déluge devant la critique historique* ; un vol. gr. in-8°
de xiii-380 p., Fribourg, 1893.
2° *Le caractère naturel du déluge* ; un vol. gr. in-8° de 286 p.,
Fribourg, 1894.
3° *La théorie sismique du déluge* ; un vol. in-8° de 545 p.,
Fribourg, 1895.

déluge biblique. Le souvenir de cette catastrophe n'est donc pas universel dans l'humanité. L'auteur fait un pas de plus : il ne croit point — et ceci nous paraît, au moins dans une certaine mesure, n'être pas encore sorti du domaine de la discussion — il ne croit point que les nombreuses légendes populaires rappelant, sous une forme plus ou moins défigurée, le déluge de Noé et le sauvetage de sa famille, représentent un souvenir direct, aborigène de cet événement. Ce serait, dans la plupart des cas, une tradition importée par transmission orale ou écrite de l'une des trois seules sources qu'il considère comme primitives, à savoir : la Genèse, le poème chaldéen de Gilgamès (*olim* Izdubar) et le récit de Bérose.

Nonobstant cette extrême réduction des sources primitives de la tradition, M. Raymond de Girard établit, par une critique très serrée, que, du fait de ces seuls documents, la célèbre inondation dont Noé, sa famille et un grand nombre d'animaux furent sauvés au moyen de l'arche, offre un caractère historique absolument certain (1).

La seconde donnée, sur laquelle s'appuie notre auteur, consiste à admettre que le fait de l'inondation diluvienne, *providentiel* dans son but et dans ses résultats, n'est point miraculeux en soi, mais est un effet d'un concours particulier des lois de la nature.

Cette thèse n'est pas absolument nouvelle ; elle fut même vigoureusement combattue naguère par

---

(1) Cf. *Le déluge devant la critique historique.*

Mgr Lamy (1) et par M. l'abbé Jaugey (2). Mais la thèse contraire, malgré le talent et la haute compétence de ces deux écrivains, ne paraît rien moins qu'établie. Comme l'a lumineusement exposé, dans la *Revue des sciences ecclésiastiques* de ces derniers temps (3), M. Eugène Mangenot, directeur du grand séminaire de Nancy, ils n'ont pas suffisamment tenu compte de la distinction essentielle à établir entre le fait matériel de l'inondation diluvienne et les circonstances, en effet miraculeuses, qui l'ont précédée et suivie.

Dieu parlant à Noé et lui annonçant la catastrophe un siècle d'avance, lui ordonnant de construire une arche dont lui-même règle le mode de construction, l'aménagement et les dimensions, ainsi que le nombre et les espèces des animaux à y faire entrer, — voilà un premier ensemble de circonstances qui est visiblement en dehors du cours de la nature et où l'intervention personnelle et directe de Dieu ne saurait être sérieusement contestée (4).

(1) *L'universalité du déluge*, in *Controverse*, 1er septembre 1883.

(2) *La géologie et le déluge*, in *Science catholique*, 1er janvier 1888.

(3) Livraison de novembre 1896 : *Le caractère naturel du déluge*, par M. l'abbé Eugène Mangenot.

(4) Le géologue autrichien Edouard Suess émet une opinion contraire, mais qui paraît difficilement soutenable. Il suppose que l'avis donné à Noé aurait consisté non dans la parole même de Dieu, mais dans une série de phénomènes naturels tels que ras de marée faibles d'abord et produits par de petites secousses sismiques, puis augmentant graduellement d'intensité, et dans lesquelles la perspicacité de Noé avait vu le prélude d'une catastrophe beaucoup plus grande, contre l'éventualité de laquelle il avait pris ses mesures en construisant l'arche, l'aménageant en vue d'une longue traversée, etc. — A une aussi peu vraisemblable hypothèse, M. l'abbé Mangenot, d'accord sur ce point avec M. de Girard, oppose cette considération qui paraît sans réplique, que, dans ce cas, il n'y aurait pas moins miracle : seulement, le mi-

De même, il y a miracle encore lorsque, l'inondation étant terminée, Dieu ordonne à Noé de quitter
l'arche, comme il est dit, Gen. VIII, 15 et 17 ; miracle également dans la révélation qui suit le sacrifice, et dans le pacte que l'Eternel conclut avec son
serviteur. Mais ces miracles, de date antérieure et
postérieure à l'irruption diluvienne, n'impliquent
point qu'elle n'ait pas été, en elle-même, l'effet de
causes naturelles, providentiellement disposées par
le Tout-Puissant pour concourir à ses desseins.

Ainsi le reniement de saint Pierre, la prise et la
destruction de Jérusalem par Titus, sont des faits
qui n'ont rien de miraculeux. Le miracle, ici, est
dans la prédiction de ces faits par Notre-Seigneur
un temps plus ou moins long avant leur accomplis-
sement.

En ce qui concerne l'inondation noachique prise
en elle-même et dégagée des circonstances qui l'ont
précédée et suivie, il est fort digne de remarque que
le récit biblique est absolument exempt de merveilleux impliquant une intervention divine directe. Il
ne fait mention, dans la description du cataclysme,
d'aucun fait miraculeux et indique expressément les

---

racle, au lieu d'être du côté de Noé, l'eût été du côté de la
population tout entière, population maritime qui devait, tout aussi
bien que Noé, comprendre, à l'aspect de ras de marée successifs et de plus en plus violents, que quelque grande catastrophe
se préparait. Pour que, à la parfaite unanimité, Noé excepté, elle
n'y eût rien compris, il eût fallu que Dieu eût obscurci les intelligences par un miracle beaucoup plus surprenant que celui
d'une communication directe de l'Eternel à son patriarche. De
toute manière, il faut donc qu'il y ait eu miracle. (E. Mangenot,
loc. cit., et R. de Girard, *La théorie sismique*, p. 74 et suiv.)
D'ailleurs, les détails dans lesquels entre le texte sacré sur les
dimensions de l'arche, sa distribution et son aménagement inté-
rieurs, les animaux à y faire entrer, excluent toute explication
de l'ordre naturel.

causes physiques et naturelles : « Toutes les sources du grand abîme, lit-on, *Gen*. VII, 11, 12, furent rompues, et les cataractes du ciel furent ouvertes, et la pluie tomba sur la terre quarante jours et quarante nuits. » Tous les commentateurs, ajoute M. Mangenot (1), reconnaissent ici deux causes de l'inondation : l'envahissement de la mer sur les terres en premier lieu, puis une pluie torrentielle ; sans d'ailleurs se prononcer sur la supériorité de l'une de ces causes sur l'autre.

MM. Suess et de Girard considèrent, eux, l'invasion des eaux marines sur la terre ferme, comme la cause principale, la pluie n'ayant, d'après eux, rempli qu'un rôle accessoire. En tout cas, la suite du récit, *Gen*. VII, 17 à 19, 24 et VIII, 2 à 11, représente la marche progressive de l'inondation et le retrait des eaux comme s'étant opérés naturellement.

Cette simplicité dans la relation biblique n'envisageant que les forces naturelles est d'autant plus frappante que, dans la conception chaldéenne, conforme, au surplus, à l'esprit et à la coutume polythéiste divinisant toutes les forces de la nature, le merveilleux se trouve partout et jusque dans les moindres détails ; chaque fait, chaque incident de la catastrophe y est l'œuvre d'un dieu spécial. D'autre part, comme chacun de ces dieux particuliers n'est autre que la personnification d'un des ordres des phénomènes naturels, on peut reconnaître, dans le récit chaldéen dépouillé de sa gangue polythéiste, l'ensemble des causes naturelles qui ont amené la

(1) *Loc. cit.*

grande inondation, ses effets, son mode de développement, sa décroissance et sa fin.

En somme, le caractère éminemment providentiel du cataclysme diluvien étant hors de cause ainsi que le caractère véritablement miraculeux des circonstances qui l'ont précédé et suivi, — il n'y a rien de contraire à l'enseignement de l'Eglise, au respect dû aux Saintes Ecritures, et à une saine critique, d'admettre que cette vaste inondation a été amenée par le jeu naturel des causes physiques.

Il est vrai que, suivant cette interprétation, la non-universalité géographique s'impose forcément. Il est de toute évidence qu'une inondation qui eût recouvert le globe terrestre tout entier d'une couche d'eau assez puissante pour s'élever plus haut que les 8840 mètres d'altitude du sommet du Gaurisankar, ne saurait s'expliquer par des causes naturelles. Elle eût nécessité forcément une intervention miraculeuse du Créateur. Celle-ci suppose même une telle multiplicité de miracles tant simultanés que successifs, que cette complication même constitue une très forte présomption contre un cataclysme d'une telle étendue, car alors les moyens employés eussent été hors de toute proportion avec le résultat à obtenir, ce qui est absolument contraire à l'économie divine : les moyens les plus simples par rapport au but à atteindre sont toujours ceux qu'elle préfère. C'est là une règle reconnue en herméneutique.

Essayons d'énumérer et d'exposer cette suite ininterrompue de miracles.

Assurément rien n'est impossible à Dieu ; et à ne se placer qu'au point de vue de la lettre seule des textes de la Genèse, — sans chercher à éclairer ces textes par d'autres textes pouvant s'y rapporter ou à les accorder avec les connaissances que nous possédons aujourd'hui et depuis peu dans les différentes branches des sciences naturelles, — il faut admettre que l'inondation diluvienne a recouvert le globe tout entier, et jusqu'à une altitude assez élevée pour engloutir les plus hautes cimes des Cordillères, des Andes, de l'Himalaya. La conséquence rigoureuse d'une telle interprétation, c'est, à l'exception tout au plus des animaux aquatiques — et encore ? — la destruction de toutes les bêtes non embarquées dans l'arche : les espèces étaient d'ailleurs préservées, étant représentées chacune par plusieurs couples sauvés avec la famille de Noé, seule du genre humain échappé au cataclysme.

Ce sont là deux faits ou plutôt deux ordres de faits en opposition avec toutes les possibilités naturelles.

Le rassemblement, l'introduction et la conservation pendant un an, dans l'arche, de toutes les espèces animales, représentées chacune par plusieurs couples, se heurtent à des objections irrésolubles autrement que dans un ordre constamment et indéfiniment miraculeux.

Il en est de même du déversement sur notre globe de la quantité d'eau nécessaire pour former autour de lui une couche liquide de près de 9.000 mètres d'épaisseur, nécessaire pour dépasser le sommet du Gaurisankar.

On arrive par un calcul très simple, étant donné

que le demi-diamètre de la terre considérée comme sphérique est de 6.371 kilomètres (1), à constater que le volume de cette *hydrosphère* serait de quatre milliards et demi de kilomètres cubes, exactement 4.597.068.190 km. sauf déduction des reliefs du sol, ou bien le kilomètre cube comprenant déjà un milliard de mètres cubes, d'un nombre de ces unités représenté par le chiffre 4.597 suivi de 15 zéros ou 10^{15} (2).

Cependant si l'on décuple la quantité d'eau déversée par les pluies torrentielles les plus violentes qu'on ait jamais observées et mesurées et supposant une telle pluie tombant sans interruption pendant 40 fois 24 heures, on n'arrive pas à une couche d'eau de plus de 800 mètres... et il la faut de près de 9000 ! — Bien plus, cette pluie ininterrompue, capable de couvrir le globe d'une couche d'eau de 800 mètres, où s'alimenterait-elle ? Toute l'eau vaporisée dans l'atmosphère jointe à celle qui proviendrait de la fonte des glaciers et des neiges perpétuelles n'en représenterait jamais qu'une infime partie.

Reste l'eau des mers.

Celles-ci recouvrent approximativement les trois quarts de la superficie du globe, et leur profondeur

---

(1) Cf. *Annuaire du Bureau des longitudes* de 1899, p. 178.

(2) La surface totale des continents et terres émergés est, en chiffres ronds, d'après l'atlas de Schrader, de 131 millions de kilomètres carrés. D'après M. de Lapparent, l'altitude moyenne de ces terres, en supposant les reliefs et dépressions du sol ramenés à un niveau uniforme, serait de 600 mètres. On aurait donc, pour le volume du relief total moyen, $131.000.000 \times 0,6 = 78.600.000$ k 3. lesquels retranchés du volume précédent, donneraient une différence de 4 milliards 519 millions de kilomètres cubes, chiffre fort respectable encore.

moyenne est de 5.000 mètres, ce qui représente 1.911.241.831 ou, en nombre rond, 1.911 millions de kilomètres cubes (1), masse d'eau incomparablement supérieure à toute celle qui est répandue sur les continents et dans l'atmosphère, et suffisante à elle seule et au delà à recouvrir le quatrième quart de la superficie terrestre jusqu'à la hauteur voulue (2) ; mais pour cela il faudrait que toute cette eau des océans laissât leur lit à sec, et s'élevât verticalement sur les terres comme une terrasse d'eau de 9 kilomètres de haut par rapport à leurs plages normales, et de 14 kilomètres par rapport à la profondeur moyenne du lit océanique. Cela est d'autant moins admissible que, à ce compte, le déluge ne serait toujours pas géographiquement universel, puisque, en submergeant les continents, il laisserait le lit des mers à sec, soit les trois quarts de la superficie terrestre. Il est vrai qu'il y a en plus les pluies, jointes à l'excédent des eaux maritimes : mais le tout eût à peine suffi à maintenir sous l'eau les bas-fonds les plus extrêmes des profondeurs océa-

---

(1) On arrive à ce chiffre de la manière suivante :
Étant donné une sphère creuse dont la partie vide aurait un rayon égal à $r - 5$ et dont le rayon total serait r, on a :

$$\frac{4\pi}{3} [r^3 - (r - 5)^3] = 2.548.321.375 \text{ kilomètres cubes.}$$

Si de ce volume, on retranche son quart, on obtient le volume ci-dessus, correspondant au volume des mers, étant admis 5 kilomètres pour leur profondeur moyenne.

(2) Elle serait même un peu plus que suffisante ; car, par un procédé analogue, prenant le quart du volume indiqué plus haut,

$$\frac{4\pi}{3} [(r^3 + 9)^3 - r^3] = 4.597.068.190 \text{ kilomètres cubes.}$$

on a : 1.149.018 ou 1.149 millions de kilomètres cubes, ce qui donne un reste de 762 millions de kilomètres cubes pour laisser de l'eau dans les vallées et les gouffres les plus profonds du lit des grands océans.

niques. D'ailleurs il y aurait eu là un phénomène
d'équilibre, au rebours de toutes les lois de l'hydros-
tatique. On ne peut supposer qu'une projection violente et momentanée d'une partie des eaux maritimes sur les terres, accompagnée de la pluie intense
dont il a été parlé.

Mais alors comment expliquer cette projection de
l'eau des mers sur le continent en quantité suffisante ?
On a bien invoqué le brusque soulèvement des grandes chaînes de montagnes qui, se produisant en
même temps sur toutes les parties du monde, aurait
entraîné les mers en les lançant avec une force
prodigieuse sur les terres émergées, ou bien aurait,
par contre-coup, amené un affaissement momentané
des continents. Toutefois la géologie a établi la formation *successive* et relativement lente des chaînes
de montagnes à des époques pour la plupart antérieures aux âges quaternaires, auxquels seuls peut
se rapporter le déluge biblique. On a aussi invoqué
un brusque changement dans la direction de l'axe du
globe par rapport au plan de l'écliptique. Le bon
abbé Moigno, dont l'exégèse était loin de valoir la
science, suppose quelque part que cet axe formait,
avant le déluge, un angle droit sur l'orbite terrestre.
La brusque inclinaison de 23° 27'' aurait déterminé
un débordement général des eaux de l'Océan, à la
façon du liquide contenu dans un vase à large ouver-
ture que l'on inclinerait vivement sous un angle analogue. Mais d'abord c'est là une pure hypothèse qui
a bien pu, pendant un temps, séduire les esprits,
mais que, aujourd'hui dans l'état de la science, il
semble difficile de poser. Ensuite, une telle commo-

tion aurait produit un afflux tumultueux, violent et
de peu de durée, des raz de marée gigantesques qui
eussent tout broyé sur leur passage, l'arche et son
contenu comme le reste, et eussent ensuite ramené
les eaux, en peu de jours, dans leurs réservoirs naturels. Or le récit biblique nous représente les eaux
s'élevant graduellement de bas en haut quarante
jours durant, soulevant l'arche avec force mais sans
violence tempêtueuse, et continuant à couvrir le sol
pendant cent cinquante jours, après lesquels elles
commencent seulement à diminuer :

Et le déluge se fit pendant quarante jours sur la
terre ; et les eaux s'accrurent et élevèrent l'arche bien
haut au-dessus de la terre.

*Factum est diluvium quadraginta diebus super
terram ; et multiplicatæ sunt aquæ, et elevaverunt
arcam in sublime a terra.* (Gen., VII, 17.)

Et les eaux couvrirent toute la terre pendant cent
cinquante jours.

*Obtinueruntque aquæ terram centum quinqua-
ginta diebus.* (VII, 24).

Et les sources de l'abîme et les cataractes (ou
écluses) du ciel se fermèrent, et la pluie du ciel cessa.

*Et clausi sunt fontes abyssi, et cataractæ cœli :
et prohibitæ sunt pluviæ de cœlo.* (VIII, 2.)

Et les eaux se retirèrent de dessus la terre, allant
et revenant : et elles commencèrent à diminuer après
cent cinquante jours.

*Reversæque sunt aquæ de terra euntes et redeun-
tes : et cœperunt minui post centum quinquaginta
dies.* (VIII, 3.)

Il s'agit bien ici d'une invasion graduelle des eaux

s'élevant rapidement mais sans violence, sous la double influence de la pluie, *cataractæ cœli*, et du débordement des mers, *fontes abyssi magnæ*. Or, de quelque manière que l'on envisage la chose, il est impossible de trouver, dans les eaux dépendant du globe terrestre, une quantité de liquide suffisante pour l'immerger tout entier et simultanément, ses plus hautes cimes comprises, pendant une durée de cent cinquante jours ou cinq mois. Dira-t-on que l'âge quaternaire a été traversé par la période glaciaire, et que la fonte des énormes glaciers qui couvraient alors le globe, au moins sur notre hémisphère, pouvait fournir une quantité d'eau sans comparaison avec ce que nous voyons aujourd'hui ? Il n'est pas douteux que les temps quaternaires n'aient été signalés par une exagération extrême des précipitations atmosphériques. « Et c'est pourquoi, dit M. de Lapparent dans son *Traité de géologie*, plus d'un auteur a voulu, non sans raison, substituer au mot de période *glaciaire*, celui, plus général et tout aussi significatif, de période *pluviaire* (1). » Mais nous avons dit plus haut que si l'on décuple l'intensité des pluies les plus violentes qui aient pu être observées et mesurées, on n'arrive pas, en supposant une pluie aussi formidable tombant sur toute la surface du globe pendant quarante fois vingt-quatre heures, à obtenir une couche d'eau de plus de 800 mètres. D'ailleurs, cette exagération des précipitations atmosphériques aux temps quaternaires, d'où provenait-elle ? — d'une

(1) « Voir la publication de M. de Chambrun de Rosemont et notamment *Etudes géologiques sur le Var*. Paris, 1873. » (A. de Lapparent, *loc. cit.*, p. 1106, *ad notam*.)

évaporation plus puissante des eaux de l'Océan. Plus d'eau sur les différents points de l'atmosphère et des continents, moins d'eau dans le réservoir général ; jusqu'à ce que, par la voie des torrents, des fleuves et des estuaires, les précipitations aqueuses eussent renvoyé à ce réservoir l'excès d'eau que l'évaporation lui avait emprunté. Mais la somme totale des eaux afférentes à notre planète n'en était pas changée.

A la vérité, feu l'abbé Moigno, qui avait d'abord supposé une brusque inclinaison de l'axe du globe terrestre, n'admettait plus ensuite que les cataractes ou écluses du ciel fussent les précipitations atmosphériques naturelles, et que les sources du grand abîme fussent les eaux de l'Océan. « Dans la langue de la Genèse, dit-il, le mot abîme signifie un amas de matière dissociée (1). » Et il veut que les eaux du déluge comprennent, avec les eaux « inférieures » répandues dans l'atmosphère terrestre, « les eaux supérieures répandues dans les espaces célestes », c'est-à-dire, sans doute, les éléments de l'eau, l'oxygène et l'hydrogène : ces gaz apparemment s'y seraient trouvés épars, et Dieu les aurait réunis miraculeusement ; puis il les aurait fait se combiner en eau en quantité aussi considérable qu'il pouvait être nécessaire pour envelopper tout le sphéroïde terrestre d'eau dépassant les sommets les plus élevés qui existent aujourd'hui ou existaient alors.

Un système analogue a été présenté plus récemment par M. l'abbé Gombault, docteur en philo-

_____

(1) Cf. *Les splendeurs de la foi.* t. III, p. 1114 et suiv.

sophie (1). Il admet l'existence, au-dessus de notre atmosphère, d'atmosphères de densité moindre, « s'étendant sans doute à d'insondables profondeurs à travers les espaces planétaires », et contenant d'immenses quantités de vapeur d'eau. Ce sont ces eaux, puisées dans les profondeurs sidérales, qui auraient formé les « cataractes du ciel ».

Ces systèmes supposent une série de miracles dont aucun, assurément, n'est en soi impossible à la toute-puissance de Dieu, mais qui ne répondent guère à l'idée que nous nous faisons de sa Sagesse : Création, formation ou rassemblement d'eaux intersidérales ou firmamentaires ; leur réunion tout autour du point de l'espace occupé par notre planète ; et leur précipitation sur elle. Au bout de cinq mois, commencement du retrait de ces eaux hors du globe immergé, soit par écoulement, soit par évaporation ; ou plutôt leur anéantissement ou leur refoulement subit dans les profondeurs de l'espace : car, par évaporation ou écoulement, ce n'est pas en sept mois que cette énorme masse d'eau aurait pu disparaître, — à moins cependant d'un nouveau miracle, ni plus ni moins merveilleux après tout que l'anéantissement pur et simple de ce matériel énorme.

Il y aurait encore d'autres conséquences à tirer d'une telle hypothèse. La masse du globe terrestre s'étant trouvée accrue pendant une année entière dans une proportion assez forte, des perturbations devaient en résulter dans notre système planétaire. La constitution même de la planète, sous une pres-

(1) *Accord de la Bible et de la science. Résumé scientifique*, 1895 ; Paris, Delhomme et Briguet.

sion aussi puissante, une année durant, devait en
subir de profondes modifications : la frêle écorce qui
entoure le feu central était-elle de force à supporter,
sans fléchir, le poids d'un volume d'eau aussi considérable, alors que, de nos jours, la moindre infiltra-
tion des eaux marines jusqu'aux couches chaudes
de la superficie terrestre peut suffire à provoquer des
éruptions volcaniques des plus intenses ? Non, assurément. Et pourtant l'étude approfondie de la com-
position des couches géologiques ne révèle aucune
trace d'une pareille révolution universelle. Là, comme
précédemment, il n'est d'autre explication que la
supposition, d'ailleurs gratuite, d'une suite en quelque sorte indéfinie de miracles : l'omnipotence divine, assurément, est toujours à même, s'il lui plaît,
de conjurer par de nouveaux prodiges les conséquences illimitées d'une première dérogation aux lois
naturelles sur un théâtre aussi vaste. Ce n'est pas
tout. L'adjonction subite, puis un an après la dispa-
rition d'une si énorme masse d'eau, dont notre globe
aurait été le théâtre, devaient nécessairement, à moins
de nouveaux miracles, exercer des perturbations
considérables dans notre système planétaire ; et ces
perturbations auraient laissé des traces.

Et les flores, tant aquatique que terrestre, que
fussent-elles devenues sous l'incomparable pression
d'une telle masse d'eau ? Nouveau miracle pour leur
conservation.

Remarquons toutefois que nous n'avons examiné
encore qu'un seul des deux grands ordres de faits
que suppose l'interprétation du récit diluvien dans
le sens de l'universalité absolue. Il faut maintenant

nous occuper du sauvetage et de la conservation
dans l'arche de toutes les espèces animales, sans
autre exception que les espèces aquatiques : ces dernières, en effet, ne sont mentionnées dans aucune
des énumérations d'animaux qu'il est recommandé à
Noé d'introduire dans l'arche. La Vulgate emploie
bien le terme générique de *animantia, animantibus omnibus ;* mais le mot hébreu correspondant,
behema, paraît mieux rendu par *jumentum,* qui
s'applique soit aux animaux domestiques, soit, en
généralisant davantage, aux mammifères. D'ailleurs
la distinction entre les animaux *purs* et *impurs*
semble exclure les espèces aquatiques qui n'étaient
généralement pas soumises, croyons-nous, à cette
classification.

Alors comment, sans de nouveaux miracles,
eussent-elles échappé à la catastrophe ? Le mélange
des eaux douces avec les eaux salées ne pouvait
pas plus convenir à la faune marine qu'à la faune
fluviale ou lacustre. D'ailleurs l'énorme pression
exercée par la masse prodigieuse d'eau dont nous
avons indiqué plus haut le volume eût impitoya-
blement écrasé toute espèce d'organisme.

Arrivons aux animaux terrestres et aériens.
Ceux-là ne peuvent vivre dans l'eau. Si le déluge
a immergé le globe entier jusqu'au-dessus de ses plus
hautes cimes, il faut nécessairement que toutes les
espèces aujourd'hui vivantes aient été, sans aucune
sorte d'exception, introduites dans l'arche.

Laissons de côté les difficultés résultant des dimensions de l'arche, dimensions qui nous sont d'ailleurs
inconnues, puisque l'on n'a aucune donnée sur la va-

leur de la coudée mentionnée par Moïse. Laissons
également la question d'aménagement intérieur pour
colloquer tant d'animaux, de l'éléphant et du rhino-
céros à la fourmi et à la libellule, du bœuf à la tortue,
de l'aigle, du condor et de l'autruche à la colombe,
à l'oiseau-mouche et au colibri, du tigre, du lion, du
boa, du crotale, à l'araignée, à l'abeille, au puceron,
au vermisseau, au phylloxéra, de l'iguane au petit
lézard gris, du paresseux à la taupe, de l'ouistiti au
gorille, du hérisson au porc-épic, du cobaye à la mar-
motte, à la girafe et au dromadaire... Ne nous
occupons pas des approvisionnements gigantesques
nécessaires pour alimenter pendant un an des esto-
macs de besoins, d'exigences et de dimensions
aussi variés. Tout cela est assurément d'une difficulté
inouïe ; mais on conçoit, à la rigueur, que la réalisation
en puisse être obtenue, dans l'ordre des choses naturellement possibles, par l'intelligence d'un puissant
génie organisateur, et rien n'empêche d'admettre
que Noé fut un homme de génie. Mais ce qui se
conçoit beaucoup moins, ou mieux ce qui ne se conçoit
pas du tout, c'est que huit personnes seulement
aient pu suffire à soigner et nourrir, pendant un an,
une telle multitude.

Où le génie humain, d'ailleurs si grand qu'on le
suppose, serait impuissant, c'est à rassembler en un
même point du globe des représentants de sa faune
entière. Celle-ci se subdivise en autant de faunes
particulières qu'il y a de régions, de climats différents.
Même de nos jours, où les progrès de la locomotion,
des moyens de communication et de l'acclimatation
ont réparti un peu partout les animaux domestiques

ou utiles à l'homme, chaque contrée a encore sa faune spéciale. A bien plus forte raison en était-il ainsi du temps de Noé. Autre était la faune de l'Asie centrale, autre celle de la Corée et du Japon, de l'Australie, des îles du Pacifique, de Madagascar, des diverses zones du continent africain, de l'Europe centrale, méditerranéenne ou baltique, des régions polaires ou équatoriales et des deux Amériques. Il a bien fallu, cependant, si l'universalité du déluge a été absolue, que, poussés par un instinct miraculeux, des représentants en nombre suffisant des diverses faunes partissent de tous les points du globe, faisant pour la plupart la moitié du tour du monde, traversant les bras de mers et les océans, à la nage sans doute, bravant sans en pâtir les différences et les variations des climats, et enfin se rangeant autour de Noé comme un troupeau inoffensif et docile, la panthère à côté du mouton, le renard près de la poule, l'hirondelle et la perdrix jouant pacifiquement avec le vautour et l'épervier, la souris avec le chat.

Il y a plus. Enfermés pendant un an, mâles et femelles de chaque espèce, ces animaux devaient se reproduire et pulluler dans l'arche. La prolification d'un grand nombre se manifeste plusieurs fois par an. Où trouver la place nécessaire pour ce surcroît de population animale dans un vaisseau déjà si rigoureusement rempli ? Ou bien ils auraient, par l'effet d'un nouveau miracle, observé la continence pendant cette durée !!

Les partisans de l'universalité absolue ne sont pas embarrassés pour si peu. Le déluge biblique étant un fait miraculeux, disent-ils, toutes les circons-

tances qui s'y rattachent sont également miraculeuses. Il n'était pas plus difficile à Dieu de réunir
des représentants de toutes les espèces animales
autour de Noé, de supprimer les obstacles le long de
leur route, de modifier temporairement leurs tempé-
raments et leurs instincts, enfin de les faire entrer et
se maintenir miraculeusement dans l'arche, qu'il ne
lui était difficile de multiplier les eaux ou d'en former
de nouvelles pour immerger le globe.

Ce qui revient à dire que, quelles que puissent être
les impossibilités matérielles de toute nature et presque innombrables auxquelles se heurte l'hypothèse
d'un déluge absolument universel, ce phénomène fut
néanmoins possible, parce que rien n'est impossible
à Dieu.

Assurément. Resterait à savoir si toutefois, au
point de vue d'une saine exégèse, comme au regard
de la Sagesse divine et de la proportion que le Tout-
Puissant maintient toujours entre les causes qu'il
met en œuvre et les effets qu'il veut produire, cette
procédure, coup sur coup et indéfiniment miraculeuse,
est également acceptable ; si, parce qu'elle est *possible*
à la toute-puissance de Dieu, c'est un motif suffisant
pour qu'elle ait *convenu* à sa Raison infinie. Nous
avons déjà répondu, plus haut, à cette question par
la négative.

Toutes ces difficultés disparaissent d'ailleurs si l'on
admet que l'inondation noachique ne s'est étendue
que sur une portion plus ou moins étendue du globe
terrestre, ce qui, ajouterons-nous, n'est plus guère
contesté aujourd'hui.

Reste maintenant, et là est le point délicat, à

déterminer l'étendue relative de la catastrophe.
Qu'elle ait respecté d'autres membres de l'humanité
que Noé et sa famille, c'est une thèse qui est encore
repoussée par d'excellents esprits : ceux-ci, tout en
reconnaissant que la question reste ouverte et libre-
ment discutable, n'estiment pas, cependant, que les
considérations invoquées en faveur de la non-universalité ethnique soient encore assez puissantes pour
commander la conviction (1).

D'autres, non moins distingués et non moins
orthodoxes, admettent cette dernière interprétation
comme la plus probable, non seulement en raison
des motifs tirés de la paléœthnologie signalés plus
haut, mais encore par suite de certains passages de
la Bible elle-même, lesquels ne comportent d'explication pleinement satisfaisante qu'en admettant des
survivants au déluge étrangers à la famille de Noé.
Ainsi, au chap. XXIV des *Nombres* relatant les pro-
phéties que, sous le souffle de l'Esprit de Dieu, pro-
nonçait Balaam, on lit, verset 17 : « Orietur stella
ex Jacob, et consurget virga de Israël ; et percutiet
duces Moab, *vastabitque omnes filios Scheth.* » —
Il y avait donc, au temps de Balaam, des descendants du patriarche Seth ou Scheth, autres que les
descendants de Noé ? — L'on doit faire observer
toutefois que des auteurs de mérite et hébraïsants,
comme M. l'abbé Pelt, traduisent *Scheth* par le
substantif *trouble,* et considèrent, en raison des lois

_____

(1) Cf. *Hist. Anc. Testam.,* abbé Pelt. — *Le déluge dev. crit.
hist.,* — *Caract. nat. délug.,* — *Théorie scient. délug.,* Chan.
Mangenot, in *Rev. scienc. eccl.,* août 1895, nov. 1896, fév., mars,
1897. — Le même et Vigouroux, *Dictionn. bibl.*

du parallélisme, *fils de trouble* comme synonyme d'*habitants de Moab*.

Mais allons plus loin. Aux versets 21 et 22, Balaam mentionne expressément les Caïnites, la race de Caïn : « Vidit quoque *Cinœum*... et ait... si in petra posueris nidum tuum et fueris electus ex stirpe *Cin*... » La lettre C remplace ici le *qoph* hébreu dont l'équivalent plus exact serait la lettre K ou mieux la lettre Q ; et le mot que la Vulgate rend par *Cin*, se prononce *Kaïn* (1).

Ce n'est pas tout. Au chap. IV des *Juges* ỹỹ. 11 et 17, il est question jusqu'à quatre fois des Cinéens ou Kinéens, c'est-à-dire des Caïnites : « Haber autem *Cinœus* recesserat quondam a ceteris *Cinœis* fratribus suis, filiis Hobab cognati Moysi... » Et plus loin : « Sisara autem fugiens pervenit ad tentorium Johel, uxoris Haber *Cinœi* ; erat autem pax inter Jabin regem Asor, et domum Haber *Cinœi*.»

Ainsi, au temps de Débora, il y aurait eu en Palestine des Caïnites, descendant d'un Caïnite, cousin de Moïse ! Donc, quand même le *filios Scheth*, des *Nombres*, devrait se traduire par « fils de trouble », il n'en reste pas moins que le texte sacré semble signaler à plusieurs reprises des descendants de Caïn vivant au temps de Moïse et des Juges.

Nous croyons donc pouvoir nous placer sur le terrain de la non-universalité pour discuter et appré-

---

(1) On a cru renverser cette grave objection par une boutade : « On prouverait tout aussi bien, écrit un auteur cependant sérieux, « par le nom de Troyes en Champagne, que les habitants de cette ville ont pour ancêtres les sujets du roi Priam. » Il suffit de citer une telle proposition. — Voir, du reste, dans notre second volume, le développement de ces considérations ici sommairement indiquées.

cier la très ingénieuse théorie exposée récemment par le très distingué professeur Raymond de Girard.

Toutefois, avant d'aborder cette intéressante discussion, il ne sera pas inutile de déblayer le terrain en résumant les objections d'ordre exégétique et théologique opposées à la nouvelle interprétation, et en relatant les réponses qui leur ont été, à notre avis, efficacement proposées.

III

Objections et réponses.

L'objection qui s'est tout naturellement présentée la première à l'esprit, est tirée des termes absolus de la Genèse, aux chapitres VI à IX.

On lit, en effet, au chapitre VI :

7. J'exterminerai, dit le Seigneur, de dessus la terre l'homme que j'ai créé, depuis l'homme jusqu'aux animaux, depuis ce qui rampe jusqu'aux oiseaux du ciel...

Delebo, inquit (Dominus), hominem quem creavi a facie terræ, ab homine usque ad animantia, a reptili usque ad volucres cœli... (1).

11. Or la terre était corrompue devant Dieu et remplie d'iniquité.

Corrupta est autem terra coram Deo, et repleta est iniquitate.

12-13. Dieu voyant que la terre était corrompue (car *toute chair* avait corrompu sa voie sur la terre), dit à Noé : la fin de *toute chair* arrive devant moi.

---

(1) La traduction littérale d'Arias Montanus offre quelques différences de détail :

7. Et dixit Dominus : delebo hominem quem creavi desuper facies terræ, ab homine usque ad *jumentum* (hebr. *behema*), usque ad reptile et ad volatile cœlorum.

François Lenormant traduit ainsi le même passage :

Et Jehovah dit : j'exterminerai l'homme que j'ai créé *de la surface du sol*, depuis l'homme jusqu'au *bétail*, (behema, *jumentum*), jusqu'aux reptiles et jusqu'aux oiseaux des cieux.

Cumque vidisset Deus terram esse corruptam (OM-
NIS *quippe* CARO *corruperat viam suam super terram*),
dixit ad Noe : finis UNIVERSÆ CARNIS *venit coram me.*

Et au chapitre VII :

2-3. Prends sept <u>mâles</u> et <u>sept femelles</u> de tous les
animaux purs, deux mâles et deux femelles de tous
les animaux impurs, sept mâles et sept femelles des
volatiles qui s'élèvent dans le ciel, afin d'en conser-
ver la race sur la face de la terre *entière.*

*Ex omnibus animantibus mundis tolle septena
et septena, masculum et feminam, de animantibus
vero immundis duo et duo, masculum et feminam...
ut salvetur semen super faciem* UNIVERSÆ *terræ* (1).

4. ... Et j'exterminerai de dessus la terre *toutes*
les créatures que j'ai faites.

... *Et delebo* OMNEM *substantiam quam feci de
superficie terræ.*

18. Les eaux envahirent tout et couvrirent *toute* la
surface de la terre.

Vehementer enim inundaverunt et OMNIA *repleve-
runt in superficie terræ* (2).

19. ... Et *toutes* les hautes montagnes qui sont
sous *tout* le ciel furent couvertes :

(1) Arias Montanus traduit ainsi ce passage :
Ex omni jumento mundo capies tibi septena septena, virum et
uxorem ejus ; et ex jumento quod non mundum ipsum bina,
virum et uxorem ejus. — Etiam ex volatili cœli septena septena,
masculum et feminam ad vivificandum semen super faciem
universæ terræ.

(2) La traduction littérale interlinéaire de l'hébreu diffère un
peu, ici, de la Vulgate : Et invaluerunt aquæ, et se multiplicave-
runt valde super terram... Et en français : *Et les eaux prirent
force et s'accrurent beaucoup sur la terre...* Le texte hébreu
est donc ici moins général et moins absolu que la traduction in-
terprétative de la Vulgate.

... Opertique sunt OMNES *montes excelsi sub* UNIVERSO *cœlo.*

Les derniers versets du même chapitre sont plus significatifs encore, s'il est possible :

21. Ainsi fut détruite *toute chair* qui se meut sur la terre, oiseaux, animaux, bêtes sauvages, reptiles, et *tous les hommes.*

Consumptaque est OMNIS CARO *quœ movebatur super terram, volucrum, animantium* (1), *bestiarum omniumque reptilium...* UNIVERSI HOMINES.

22. Et *tout ce qui avait, sur la terre, le souffle de la vie* dans ses narines (2) mourut.

Et CUNCTA IN QUIBUS SPIRACULUM VITÆ EST IN TERRA *mortua sunt.*

23. Ainsi périt tout être vivant qui était sur la terre, depuis l'homme jusqu'aux bêtes... *Il ne resta que Noé seul et ceux qui étaient avec lui dans l'arche.*

Et delevit omnem substantiam quœ erat super terram, ab homine usque ad pecus... remansit autem SOLUS NOE ET QUI CUM EO ERANT IN ARCA (3).

Enfin quand, au chapitre VIII, verset 21, Dieu parlant à Noé à la suite du sacrifice que lui offrait en holocauste le patriarche sorti de l'Arche, lui promet

---

(1) Ici encore le mot hébreu que saint Jérôme a représenté par *animantia*, le mot *behema*, Arias Montanus le traduit plus littéralement par *jumenta*, François Lenormant par *bétail.*

(2) Ce membre de phrase : *dans ses narines*, manque dans la Vulgate, quoiqu'il soit dans le texte hébreu. Il a son importance en ce qu'il semble exclure de l'énumération les animaux qui vivent sous l'eau, lesquels n'ont pas de narines.

(3) Montanus traduit ainsi ce dernier passage : *Et remansit tantum Noach et qui cum eo in arca.* C'est le même sens, mais un peu moins accentué.

de ne plus répandre sa malédiction sur la terre, il dit encore :

Je ne frapperai donc plus, comme je l'ai fait, *tout ce qui est vivant et animé.*

Non igitur ultra percutiam OMNEM ANIMAM VIVEN-TEM *sicut feci.*

Et il confirme plus loin au chap. IX, v. 15, cette parole en ajoutant :

Et il n'y aura plus à l'avenir de déluge qui fasse périr dans ses eaux *toute chair* qui a vie.

Non erunt ultra aquæ diluvii ad delendam UNI-VERSAM CARNEM.

Comment pouvoir restreindre une universalité si absolument et si itérativement affirmée ? N'y a-t-il pas là une objection absolue ?

La difficulté n'est qu'apparente.

Ces termes absolus, ces assertions d'universalité sont des hyperboles conformes au génie des langues orientales et en particulier de la langue hébraïque. On en trouve maints exemples dans les livres sacrés et en des circonstances qui excluent toute portée universelle.

Joseph, au chap. XLI, v. 30 de la Genèse, annonce au pharaon une famine qui consumera *toute la terre :* «Consumptura est enim fames *omnem terram.* » Plus loin, ỷỷ. 54, 56, il est dit que la famine s'étendit sur tout le globe terrestre : « *in universo orbe* fames præva-luit », qu'elle croissait de jour en jour, toujours sur le monde entier : « crescebat autem quotidie fames *in omni terra.* » Cette assertion est encore répétée au chap. XLIII, v. 1 : « Interim fames *omnem ter-ram* vehementer premebat.

Aucun commentateur, cependant, n'a jamais interprété ces paroles autrement que concernant les contrées avoisinant l'Egypte ; nul n'y a jamais vu une famine englobant toute la sphère terrestre.

Pareillement Isaïe, annonçant la ruine de Babylone et la délivrance d'Israël, étend métaphoriquement ce châtiment et ce bienfait à toute la terre :

Le Seigneur des armées a donné des ordres à ses troupes qui viennent d'un pays lointain, *de l'extrémité des cieux.* Le Seigneur et les instruments de sa fureur vont *détruire toute la terre.*

Dominus exercituum præcepit militiæ belli, venientibus de terra procul A SUMMITATE CŒLI; *Dominus et vasa furoris ejus,* UT DISPERDAT OMNEM TERRAM (Is. XIII, 5)...

Toute la terre est dans le repos et dans la paix, elle est dans la joie et l'allégresse.

Conquievit et siluit OMNIS TERRA, *gavisa est et exsultavit* (XIV, 7).

Plus loin, v. 26 : C'est là le dessein que j'ai formé *au sujet de toute la terre* ; et voilà la main qui est étendue *sur toutes les nations.*

Hoc consilium quod cogitavi SUPER OMNEM TERRAM, *et hæc est manus extenta* SUPER UNIVERSAS GENTES.

Il ne s'agit, en tout cela, que de l'empire assyrien et du peuple juif. — On pourrait citer d'autres exemples (1). Par conséquent tout ce qui, aux chapitres VI et suivants de la Genèse, semble concer-

(1) Ainsi au *Deutéronome,* II, 25, où les peuplades limitrophes de la Palestine, à l'époque de l'invasion hébraïque, sont l'objet de cette désignation hyperbolique : « *populos qui habitant sub omni cœlo* ; les peuples qui résident *sous le ciel tout entier.* »

ner *toute* la terre, *tous* les êtres vivants, *tous* les animaux, *tous* les hommes, peut bien ne s'appliquer en réalité qu'à la contrée, à la région du globe habitée par Noé et sa famille, et aux êtres vivants, hommes et animaux, répandus sur cette même région.

Et ce qui tendrait à montrer l'exactitude de cette interprétation, c'est que, quand l'auteur de la Genèse (chap. VII, v. 14, 15) raconte l'entrée dans l'arche des animaux en quantité déterminée et restreinte pour chaque espèce, il emploie les mêmes expressions d'universalité :

Tout animal selon son espèce, *tous les bestiaux* selon leur espèce, et *tout ce qui se meut sur la terre* selon son espèce, *tout volatile* selon son espèce, *tous les oiseaux, tous les animaux ailés,* — entrèrent avec Noé dans l'arche, deux à deux, de *toute chair* en laquelle est le souffle de la vie.

OMNE ANIMAL *secundum genus suum*, UNIVERSAQUE JUMENTA *in genere suo*, *et* OMNE QUOD MOVETUR SUPER TERRAM *in genere suo*, CUNCTUMQUE VOLATILE *secundum genus suum*, UNIVERSÆ AVES OMNESQUE VOLUCRES, — *ingressæ sunt ad Noe in arcam, bina et bina ex* OMNI CARNE *in qua erat spiritus vitæ*.

Or, toutes ces universalités censées d'animaux se composaient de sept couples de chaque espèce des animaux classés comme purs, et de deux couples seulement des autres. (*Gen*. VII, 2 et 3.)

Il n'y a donc aucune conclusion solide à tirer, en faveur de l'universalité du déluge, des expressions absolues employées par le récit biblique.

Une seconde objection qu'on n'a pas manqué de

formuler, mais qui, étudiée suivant les règles d'une
saine critique, n'a guère plus de force que la précé-
dente, consiste à mettre en avant « le sentiment
unanime de la tradition et des Pères ». Jusqu'au
milieu ou tout au plus jusqu'au commencement de
ce siècle, l'universalité du déluge ne faisait pas question parmi les catholiques, nul ne la révoquant en
doute. On ne peut pas admettre, disait feu M. l'abbé
Jaugey dans la défunte *Controverse* de Lyon (novembre 1885), que, pendant dix-huit siècles, l'Eglise se
soit trompée au sujet d'un fait de cette nature.

L'Eglise, répondrons-nous, cela ne fait aucun
doute pour les catholiques, est infaillible en matière
de dogme et d'enseignement moral. Toute la question revient à savoir si l'universalité ethnique du
déluge intéresse le dogme et la morale.

« Pour être une règle infaillible d'interprétation,
la tradition ou le sentiment des Pères, dit M. l'abbé
Pelt (1), doit réunir deux conditions : 1° être réellement unanime, et 2° porter sur un point de dogme
ou de morale. Dans les autres cas, les Pères parlent
comme docteurs privés.

Or, rien n'est moins unanime que les opinions, au
contraire infiniment variées, des Pères de l'Eglise
sur la question diluvienne. Plus on multiplie les
recherches sur ce point, plus on voit, dit le regretté
abbé Motais, « la mosaïque des idées se bigarrer de
plus en plus ». D'autre part, il paraît difficile d'établir que la foi et les mœurs soient intéressées à ce
que des hommes aient vécu en dehors des régions

(1) *Hist. Anc. Testam.*, 2ᵉ édit., t. Iᵉʳ, introduction, p. 15, 1898.
Paris. Lecoffre.

ravagées par le déluge. Que Noé soit ou non le second ancêtre de tout le genre humain, cela, semble-t-il, importe assez peu, du moment que le fait de l'unité de l'espèce humaine reste intact ; or, il n'est pas ici mis en question.

On objecte aussi certains textes des livres saints postérieurs à la Genèse et faisant allusion au déluge, tels que les suivants :

Sagesse, X, 3 et 4 : Lorsque l'injuste, dans sa colère, se sépara d'elle (de la Sagesse), il périt par la fureur qui le rendit meurtrier de son frère. — Et lorsque, à cause *de lui* (?) l'eau inonda la terre, le salut vint encore de la Sagesse qui dirigea le juste par un bois méprisable.

Sap. X, 3, 4 : *Ab hac* (sapientia) *ut recessit injustus in ira sua, per iram homicidii fraterni deperiit.* — *Propter* QUEM *(?) cum aqua deleret terram, sanavit iterum sapientia, per contemptibile lignum justum gubernans.*

L'*Ecclésiastique*, après avoir rappelé que Noé, ayant été trouvé juste et parfait au temps de la colère divine, est devenu la réconciliation des hommes, ajoute, chap. XLIV, ℣℣. 17, 18 :

C'est pourquoi *un reste* fut laissé à la terre, lorsque survint le déluge.

Ideo dimissum est RELIQUUM TERRÆ, *cum factum est diluvium.*

Saint Mathieu, chap. XXIV, ℣℣. 37 à 39, rappelant les paroles de Notre-Seigneur relatives à son dernier avènement lors de la fin des temps, s'exprime ainsi :

Comme aux jours de Noé, ainsi sera l'avènement

du Fils de l'homme. — Car, comme ils étaient aux jours d'avant le déluge, mangeant et buvant, se mariant et mariant leurs enfants, jusqu'au jour où Noé entra dans l'Arche et qu'ils ne reconnurent point le déluge jusqu'à ce qu'il arriva *et les emporta tous.*

Sicut in diebus Noe, ita erit et adventus Filii hominis. — Sicut enim erant in diebus ante diluvium, comedentes et bibentes, nubentes et nuptiæ tradentes, usque ad eum diem quo intravit Noe in arcam, et non cognoverunt donec venit diluvium, ET TULIT OMNES...

Enfin, l'on oppose encore aux partisans de la non-universalité trois passages des épîtres de saint Pierre.

Le prince des Apôtres, dans sa Iʳᵉ Epître, chap. III, ℣℣. 19 et 20, dit, en comparant la régénération par le baptême aux effets spirituels du déluge :

En lequel (Esprit), il (le Christ) vint aussi prêcher les esprits retenus en prison, — Qui avaient été incrédules autrefois, lorsqu'aux jours de Noé, ils se reposaient sur la patience de Dieu, pendant qu'on bâtissait l'arche, *dans laquelle peu de personnes, c'est-à-dire huit seulement,* furent sauvées par l'eau.

In quo (Spiritu) et his qui in carcerem erant spiritibus veniens prædicavit (Christus), — Qui increduli fuerunt aliquando, quando expectabant Dei patientiam in diebus Noe, cum fabricaretur arca, IN QUA PAUCI, ID EST OCTO ANIMÆ, *salvæ factæ sunt per arcam.* »

Saint Pierre dit encore, Epître IIᵉ, Chap. II, ℣℣. 4 et 5 :

Car si Dieu... n'a pas épargné l'ancien monde

mais *a sauvé huitième, Noé* prédicateur de la justice, amenant le déluge sur le monde des impies.

Si enim Deus... originali mundo non pepercit, sed OCTAVUM NOE *justitiæ præconem* CUSTODIVIT, *diluvium mundo impiorum inducens.*

Et, même épître, chap. III, ꙮꙮ. 5 et 6 :

Mais ils ignorent, le voulant bien, que par la parole de Dieu existèrent d'abord les cieux et la terre, qui sortit de l'eau et qui subsiste par l'eau ; Par où *le monde* d'alors périt inondé par l'eau.

Latet enim eos, hoc volentes, quod cœli erant prius et terra de aqua et per aquam consistens Dei verbo ; — Per quæ, ille tunc MUNDUS AQUA INUNDATUS *periit.* »

De ces différents textes, ceux de l'*Ecclésiastique,* de saint Mathieu et de la Première de saint Pierre ne paraissent pas fournir une présomption bien forte en faveur de l'universalité. « Un reste, dit *l'Ecclésiastique,* fut laissé *à la terre* quand survint le déluge, » et cela à cause de la vertu, de la sainteté de Noé. Mais « la terre », ici comme dans la Genèse, peut s'entendre du *pays,* de la *contrée* habitée par Noé. De même le *tulit omnes* de saint Mathieu s'explique sans difficulté par la totalité des habitants de la région. Et quant aux *pauci id est octo animæ* qui trouvèrent leur salut dans l'arche, en quoi infirmeraient-ils la possibilité de l'existence de populations lointaines, inconnues, qui auraient habité des parties du globe non atteintes par le cataclysme ? Autant en peut-on dire de *Noé sauvé huitième.*

Un peu plus probant semblerait, au premier abord, le *mundus aqua inundatus periit.* Mais ces expressions ne sont pas plus énergiques que toutes celles qu'emploie la Genèse. Elles le sont même moins. *Omnis caro subter cœlum,* — *universa caro,* — *omnis substantia,* — *universi homines* — en disent tout autant au moins que *mundus* ; et il n'y a rien que de fort naturel à ce que saint Pierre, faisant allusion au récit diluvien de la Genèse, ait employé une expression analogue à celles qui y sont contenues.

Reste le passage du Livre de la Sagesse cité en premier lieu.

Il a donné lieu à d'assez ardentes discussions.

L'*Injuste* auquel il est fait allusion n'est autre que Caïn. Or est-il admissible que la race de Seth ayant péri pour s'être alliée aux descendants de Caïn, ce soient précisément des restes de la race du fratricide qui aient échappé à la catastrophe ? la race de celui « à cause duquel, *propter quem,* l'eau a inondé la terre » ?

On peut répondre d'abord que rien ne prouve que des Caïnites seuls aient été préservés du fléau. D'ailleurs des peuplades caïnites, de même au surplus que des peuplades sethites ou issues des autres enfants d'Adam, avaient pu longtemps avant les événements qui avaient attiré la colère divine et motivé le déluge, se séparer du noyau principal de l'humanité : restées étrangères aux alliances réprouvées de Dieu comme à la corruption générale qui s'en était suivie, elles pouvaient ainsi avoir mérité de n'être pas comprises dans le châtiment du monde civilisé, du monde connu d'alors.

Mais il y a mieux. Le fameux *propter quem* (à

cause duquel, à cause de lui), par lequel commence
le verset 4 au chapitre X de la *Sagesse*, est contesté
comme exactitude de traduction. C'est *propter*
QUOD, δι ʼὅ et non δι ʼὅν, qu'il faudrait lire. Alors, au
lieu du sens suivant : « Lorsque, *à cause de lui* (de
Caïn), l'eau inonda la terre, la Sagesse, etc., » on
aurait ce sens qui semble beaucoup plus naturel :
C'est pourquoi, lorsque l'eau inonda la terre, la
Sagesse, confiant le Juste à un bois vil, sauva de
nouveau le monde. » D'après cette lecture, il ne
serait pas établi que le déluge eut lieu « à cause de
Caïn », mais seulement qu'il fut motivé par la perver-
sité des hommes, quelle qu'ait été d'ailleurs la cause
de celle-ci.

Du reste nous avons vu que, même avec la lecture
propter quem, l'objection est loin d'être insoluble.

Une dernière difficulté, plus sérieuse que la précé-
dente, a été développée par le R. P. Brucker, avec
son talent habituel, dans l'ouvrage précité : *Questions
actuelles d'Ecriture Sainte*. Elle se fonde sur le
caractère ou la signification *typique* du déluge, et
surtout de l'Arche qui est une figure de l'Église,
hors de laquelle il n'est pas de salut spirituel, de
même qu'il n'y eut pas de salut temporel pour les
hommes non recueillis dans l'Arche. Si d'autres
hommes que les huit personnes composant la famille
de Noé avaient pu échapper aux eaux du déluge,
il n'y aurait plus parité, similitude parfaite entre le
type et *l'antitype*, et le dogme du salut par la seule
Église serait compromis.

A cela il a été répondu assez péremptoirement,
notamment par M. l'abbé Pelt, qu'il n'est point indis-

pensable qu'il y ait une ressemblance parfaite entre le type et l'antitype. On cite à l'appui l'exemple de Melchisédech, roi de Salem et prêtre du Très-Haut, qui est une figure de Jésus-Christ le véritable Grand-Prêtre : *Tu es sacerdos in æternum secundum ordinem Melchisedech* (1), dit le Psalmiste. Or le caractère figuratif de ce saint personnage ressort autant, peut-être plus encore, du silence que l'Écriture garde sur certaines circonstances de sa vie, que de ce qu'elle en rapporte par ailleurs : elle ne dit rien de son origine, de sa naissance, de sa mort et cela suffit pour figurer l'origine divine et l'éternité du sacerdoce de Jésus-Christ.» Melchisédech, représenté sans père ni mère, est une image du fils de Dieu qui, dit saint Jean Chrysostome, n'avait ni père sur la terre, ni mère dans le ciel (2).

En ce qui concerne l'Arche, elle ne cesse pas d'être la figure de l'Église, si, dit avec raison M. l'abbé Pelt, « *dans la région submergée par le déluge*, elle a été l'unique moyen de salut ».

Puis, il faut bien comprendre le sens de la formule célèbre : « Hors de l'Église, pas de salut. » Il y a une distinction très importante et qu'il ne faut pas perdre de vue, entre l'*âme* et le *corps* de l'Église. Or il suffit pour être sauvé d'appartenir à l'âme de l'Église. Appartenir seulement au corps de celle-ci sans appartenir à l'âme serait certainement insuffisant. Au sein de la catastrophe diluvienne, il y eut

---

(1) Te voilà prêtre pour l'éternité selon l'ordre de Melchisédech.

(2) Οὔτε γὰρ ἐπί γῆς ἔχε πατέρα, οὔτε γὰρ ἐν οὐρανῷ μητέρα. Cf. J. R. Pelt, *loc. cit.*, p. 99, 150, 151. Voir aussi saint Paul, *Ad Hebræos*, VII, 2.

salut de l'âme pour tous ceux des inondés qui, reconnaissant leurs fautes et s'en repentant avant de
mourir, implorèrent la miséricorde de Dieu (cf.
saint Pierre, Iᵉ, chap. III, 19, 20, cité plus haut).

   Les anciens Pères disaient : « Pas de salut pour
ceux qui, *ayant connu l'Église*, n'y sont pas entrés. »
Dans l'hypothèse de la non-universalité, les populations lointaines depuis longtemps séparées de la
souche primitive et que le déluge n'aurait pas atteintes, n'auraient eu assurément nulle connaissance de
cette catastrophe, et à plus forte raison du vaisseau
sauveteur.

   Nous conclurons des divers ordres de considérations qui précèdent, que l'hypothèse de la non-universalité ethnique du déluge est licite en herméneutique et scientifiquement probable, et qu'il est par
conséquent loisible de raisonner sur elle, d'en discuter les éléments et d'apprécier dans quelle mesure et
proportions elle peut être le plus vraisemblablement
acceptée (1).

---

   (1) L'impartialité, dans des recherches de cette nature, nous
fait un devoir de signaler l'opinion, différente de la nôtre, d'un
critique éminemment compétent, et dont nous avons l'hon-
neur d'être l'ami, M. le comte Domet de Vorges, un philosophe
thomiste de haute autorité.
   Voici l'observation qu'il nous adresse, dans les *Annales de
philosophie chrétienne* (janvier 1899) à l'occasion de notre premier
travail sur le même sujet :
   « Est-il vraiment nécessaire d'abandonner le sens traditionnel
et si naturel du récit biblique ? Comme l'auteur le remarque lui-
même, la Bible semble bien supposer une rénovation du genre
humain par la famille de Noé. Il cite les paroles attribuées à

Ce sera l'objet de la seconde partie de ce travail.

Dieu quand Noé sortit de l'arche. » (Voir notre tome II, chap. II, pp. 15-16). « Mettons, continue M. de Vorges, que ces paroles puissent être interprétées comme le croit M. de Kirwan, dans un sens relatif ; pourra-t-on interpréter de même la révélation faite à Noé cent ans avant le déluge, où Dieu déclare avoir décidé la destruction complète du genre humain ? Or, pour perdre le genre humain tout entier plus de deux mille ans après la création de l'homme, ne fallait-il pas que la catastrophe s'étendît à la terre entière ? »

L'espace nous manque pour discuter, en détail et sous ses divers aspects, cette objection. Observons toutefois que nous avons prévu et combattu, au chapitre III du présent volume, la considération d'universalité tirée des termes absolus du chapitre VI et VII de la Genèse, en montrant avec un grand nombre d'exemples à l'appui, qu'ils doivent très vraisemblablement être pris dans un sens hyperbolique et non au pied de la lettre.

TABLE DES MATIÈRES

du Tome Premier

29-99.— Imprimerie des Orphelins-Apprentis, D. Fontaine,
40, rue La Fontaine, Paris-Auteuil.

www.ingramcontent.com/pod-product-compliance
Lightning Source LLC
LaVergne TN
LVHW022118080426
835511LV00007B/898